D1726119

Alfred Böswald
Das Geheimnis des Meisters

Alfred Böswald

Das Geheimnis des Meisters

Wie die Liebe
Berge versetzt
und uns heilt

Kösel

Verlagsgruppe Random House FSC-DEU-0100
Das für dieses Buch verwendete FSC®-zertifizierte Papier
Munken Premium Cream liefert Arctic Paper Munkedals AB, Schweden.

Weitere Informationen zu diesem Buch und unserem gesamten
lieferbaren Programm finden Sie unter
www.koesel.de

Allen Menschen,
denen der Mut fehlt,
sich Flügel wachsen zu lassen!

Damit sie spüren,
wie es sich anfühlt,
wenn der Wind sie trägt!

Amen, das sage ich euch:
Wenn jemand zu diesem Berg sagt:
Heb dich empor, und stürz dich ins Meer!,
und wenn er in seinem Herzen nicht zweifelt,
sondern glaubt, dass es geschieht,
was er sagt,
dann wird es geschehen!

Der Meister im Evangelium
nach Markus 11,23

Inhalt

Mal ganz ehrlich ...

Haben Sie auch in der letzten Zeit eines jener Bücher in Händen gehalten oder gar gekauft, das Ihnen das Ende allen seelischen und sogar körperlichen Leids, den Beginn unendlichen beruflichen Erfolgs, großen materiellen Gewinn, den perfekten Lebens- und Liebespartner und irgendwie alles Glück auf Erden versprochen hat? Und haben Sie auch gehofft, dass das, was da so wunderbar funktionieren soll, nämlich Bestellungen in den Himmel zu schicken und postwendend Glück zugeschickt zu bekommen, auch wirklich so einfach klappen würde?

Sie brauchen sich nicht wie Petrus seinerzeit zu verleugnen: Wenn ich »auch« sage, dann meine ich Sie und mich, denn schließlich sind wir alle Suchende, Fragende, Hoffende, Bangende! Natürlich ziehen uns diese Bücher an und wir saugen sie in uns auf. Und es tut ganz sicher not, genauer hinzusehen und unsere Wirklichkeit zu hinterfragen: In welcher Welt leben wir? Welche Welt haben die Erwachsenen und Eltern vergangener Jahrzehnte und Jahrhunderte ihren Kindern, uns, überlassen? Welche Lebenspläne bestimmen unser Denken, unsere Vorstellung von Glück und Erfüllung? Welche Gefühle dringen an unsere Herzen und in unsere Seelen? Überhaupt: Wie gehen wir mit unseren Gefühlen um? Wie behandeln wir unsere seelische Seite, unser mentales und geistiges Wesen?

Immer wieder beschleicht einen das Gefühl, in einer scheinbar tabulosen Gegenwart zu leben, in der dem völlig überforderten menschlichen Auge und unserem Verstand nichts mehr verborgen bleiben darf. Alles wird sichtbar, auch das Unansehnliche. Und selbst das Unsichtbare soll entlarvt werden, als ob es einen Gewinn für die Menschheit bedeuten würde, sich jedes Zaubers zu berauben. Alles aber wird überdeckt von einem sinnlosen Materialismus, der uns nach Wärme hungernden Menschen frierend, einsam und seltsam verloren in einer Eiswüste aussetzt, in der der einzige zählbare Wert jener des Geldes zu sein scheint. Gleichzeitig aber tauscht ein irrsinniger Glaube an Internet und virtuelle Kaltherzigkeit mehr und mehr alle menschliche Wärme und Schönheit gegen leblose Daten aus. Manchmal – ich gebe es zu – beschleicht mich deshalb eine dunkle Ahnung, dass wir in eine Welt hineinleben, in der uns mit aller Macht der Glaube an das Wunder des Lebens genommen werden soll, an dessen Stelle ein gnadenloser Moloch tritt, der uns weismachen möchte, dass nur messbarer Wert wirklich wertvoll ist. Wie aber ein Leben messen ...?

Ich bin fest davon überzeugt, dass wir genau deshalb uns alle nach den tiefen und ewigen Wahrheiten sehnen, die in unserem frostigen Leben ein Feuer der Leidenschaft entfachen sollen. Vielleicht fiebern wir gerade deshalb der Entdeckung verloren gegangener Geheimlehren versunkener Kulturen entgegen, weil wir hoffen, dass sie uns Entwurzelte wieder mit jenem Unsagbaren verbinden sollen – dem Großen, dem Grenzenlosen – Gott! Fast kommt es mir vor, als lechzen wir in unserer verworrenen Zeit mehr denn je nach der Antwort auf die älteste aller Fragen: Was ist der Sinn meines Lebens?

Versuchen Sie doch mal auf diese Frage eine Onlineantwort herunterzuladen oder gar ein problemlösendes App bei i-Phone zu finden ...!

Weil wir uns so verloren, so bedeutungslos vorkommen,

vertiefen wir uns im Zeitalter der virtuellen Welten voll innerer Erregung in diesen und jenen Text alter spiritueller Meister, in der Erwartung und Hoffnung, endlich den »goldenen Schlüssel« zu finden, der uns – sprechen wir es ruhig aus – den Himmel auf Erden aufsperrt, uns aus der Einöde der Trostlosigkeit der Welt befreit und uns einlässt in die kleine elitäre Schar der Wissenden, der Erleuchteten, der Eingeweihten. Und so treibt es uns um, uns hilflose Kreaturen, die wir seinerzeit aus dem Paradies vertrieben wurden und es nun fieberhaft in der Welt wieder suchen!

Ruhelose Glückssucher im Goldrausch brennender Herzen – irgendwie sind wir das doch alle: Wir wollen endlich um die letzten Dinge Bescheid wissen, endlich Körper, Seele und Geist im Einklang spüren, endlich Harmonie in unseren Beziehungen erleben, endlich moralische Zwänge und Fesseln lösen, endlich vom Joch des Geldes und Besitzes frei sein, endlich das Leben in seiner ganzen Größe begreifen, endlich den Sinn unseres Menschseins entdecken, endlich das Göttliche erahnen, endlich leben, endlich lieben!

Wenn Sie jetzt spüren, dass irgendwie ein Seufzer der Zustimmung in Ihrer Brust hörbar wird, dann gehören Sie zu diesen Fragenden. Aber: Wie oft wurden Sie schon enttäuscht? Wie oft hatten Sie schon geglaubt, den Stein der Weisen gefunden, die Lösung Ihrer Probleme entdeckt, die Alchemie des Glücks entschlüsselt zu haben? Und am Ende legte sich doch wieder nur dunkles Blei auf Ihre Seele, das sich eben nicht in Gold verwandelt hatte. Dann schleichen sich Frustration, Resignation und Depression auf leisen Sohlen in unser Leben und machen die Seele schwermütig und traurig.

Wenn man ein halbes Leben und mehr seinen Schatz sucht und immer nur auf weitere Schatzkarten stößt, ohne aber jemals das zu heben, wonach man gesucht und so tief gegraben hat, dann verlassen einen irgendwann Kraft und Mut. Man erlebt Erschöpfung, manchmal auch das Gefühl, ausgebrannt und leer zu sein, Burnout, Verunsicherung, Verbitterung, Verzweiflung.

Das kann, das soll, nein, das wird ein Ende haben, wenn Sie bereit sind, das »Geheimnis des Meisters« wirklich ernst zu nehmen und es bis zur letzten Seite durchsuchen. Wenn Sie hier graben, werden Sie finden, wonach Sie so lange gesucht haben, aber daran vorbeigegangen sind, weil der Schatz so unscheinbar und matt dalag. Es fehlt ihm einfach der marktschreierische Glanz, während anderes, viel weniger Wertvolles, in den vermeintlichen Auslagen der Weisheit funkelt und blitzt wie ein Smaragd der sagenhaften Tafel des Hermes Trismegistos[1] ...

Das »Geheimnis des Meisters« ist eine Provokation: kein dreh- und wendbarer Text, den man mal so, mal so auslegen kann. Es fordert heraus, packt und schüttelt durch! Die Spirituellen und Esoterischen – also die eher »geistigen« Menschen – möchte diese Provokation ebenso erreichen wie die Materiellen, also die eher »erdigen« Charaktere. Dies ist ein Buch für Menschen, die erkennen wollen, wie es sich anfühlt, sein Leben genau von jenem Standpunkt aus zu verändern, an dem man sich gerade jetzt befindet. Jeder kann es: dem eigenen Leben frei von Bewertung der momentanen Umstände eine große Richtung, einen wirklichen Wert und ein fantastisches Ziel geben! Sie können religiös sein oder atheistisch, anthroposophisch oder theosophisch, materialistisch oder spirituell, können Christ sein, Jude, Buddhist, Muslim, Hindu, Taoist, Freigeist oder Zeitgeist – dieses Buch meint genau Sie, ungeachtet Ihrer Weltanschauung, hier werden Sie nicht verurteilt, exkommuniziert oder ausgegrenzt.

Erfahren Sie die radikal einfache und so großartig mutige

Lehre Jesu, eines Mannes, der uns die Augen öffnet, uns beibringt, wie einfach es ist, unser einmaliges Leben zu lieben. Staunen Sie über die Klarheit seines Weges, die wunderbaren Möglichkeiten seiner Lehre. Lassen Sie sich durch die Erfahrung und Anwendung seines Geheimnisses beschenken und entdecken Sie eine Freiheit, die so gar nichts mit Regelwerk und Hierarchie, Pomp und Prunk oder Zauberei und Halbwissen zu tun hat. Erkennen Sie, woran Sie bisher einfach vorbeigelebt haben – aus Angst oder Blindheit, mangelndem Selbstvertrauen oder falschem Respekt vor ideologischen Gurus, Religions- und Regelhütern. Und erfahren Sie, wie fantastisch es sich anfühlt, diesen unfassbaren Schatz zu heben und in Ihr unsicheres Leben zu hieven, damit eine wirklich große Veränderung passiert, jene echte Wandlung, nach der wir uns alle so sehr sehnen.

Trauen Sie sich, das Angebot des Meisters anzunehmen, das wirklich nichts mit konfessioneller und kirchlicher Abgrenzung zu tun hat. Ihre Einstellungen und Gewohnheiten, Ihre Vorurteile und Ängste, Ihre Zweifel und selbsterfüllenden negativen Prophezeiungen – dies alles dürfen Sie mit seinem einfachen Wort »Fürchte dich nicht!« über Bord werfen und endlich frei werden. Frei für ein neues Leben, für eine echte »Wiedergeburt«, wie der Meister sie nennt.

Und das Beste: Sie können wirklich jederzeit damit anfangen, das »Geheimnis des Meisters« zu erlernen, anzuwenden, umzusetzen! Genau jetzt, wenn Sie wollen, weil es in unserem Leben nie zu spät ist, es sei denn, wir verschieben jede Chance der Veränderung auf morgen, und morgen wieder auf morgen, und ... bis es kein Morgen mehr gibt.

In meiner täglichen Arbeit in der psychotherapeutischen Praxis wende ich das »Geheimnis des Meisters« an. Ich kann somit authentisch berichten – und werde dies in diesem Buch auch tun –, wie weit Menschen bereit oder eben nicht bereit sind, im Angesicht von Unglück und Krankheit, von Leid und hartem Schicksal ihre Einstellungen ganz auf den Prüfstand zu legen. Dadurch musste ich mit ansehen, wie der Zerfall eines Lebens voranschreitet, wenn der Mensch zwar erkennt, dass er eine radikale innere Wende vornehmen müsste, es aber nicht fertigbringt, weil ihm dieser Schritt viel zu groß ist. Aber ich darf es mittlerweile so oft erleben, wie kaputte menschliche Existenzen wieder aufblühen, weil sie ihren zurückliegenden Lebensweg nicht als Schicksal verdammen, sondern als gemeisterte Prüfung innerhalb eines großen Plans annehmen. Ich war Zeuge von verbittertem Sterben ohne Aussöhnung mit der Vergangenheit und schrittweisem Erlöschen im stummen Kampf gegen sich selbst. Aber ich darf immer wieder staunen über unfassbare Heilungen schwerster Krankheiten und die sprichwörtlich wieder gehenden Lahmen, wenn ein Mensch plötzlich Licht in sein Herz lässt, wo bisher nur Dunkelheit, Hass und Groll waren.

Es dauerte einige Jahre, bis die Zeit reif war, das ganze »Geheimnis des Meisters« aufzuschreiben. Wer bin ich, so dachte ich mir nämlich immer wieder, dass ich mir anmaße, etwas zu erahnen, das anderen verborgen sein könnte? Aber gerade das Beispiel des Meisters selbst hat mir Mut gemacht, meine eigenen Erkenntnisse zu vertiefen und letztlich allen zugänglich zu machen. Nicht allen wird gefallen, was sie hier lesen werden. Manche werden sich entrüsten oder versuchen, Inhalt und Autor auseinanderzunehmen. Auch dem Meister erging es so, als er jene bewusst herausforderte, die den Menschen Schuld predigten und nur Angst und Ohnmacht säten. Es geht nicht darum, zu gefallen, sondern den Menschen zu ermutigen, sich Flügel wachsen zu lassen, und zu lernen, sie sanft zu bewegen. Nicht die Eitelkeit soll bedient werden, sondern der Mut, sich in sein Leben fallen zu lassen, in sicherer Gewissheit, getragen zu werden. Nur wer bereit ist, zu fallen, wird entdecken, dass ihm Flügel wachsen. Und er wird sie ausbreiten und – fliegen!

Fliegen – ja, das möchte ich mit Ihnen, dem Leser, der Leserin dieses Buches, damit Sie die Schönheit der Welt erkennen können, die Faszination Ihres einzigartigen noch unentdeckten Lebens und Ihr ganz persönliches Wunder, Ihre Heilung in der Liebe. Fliegen möchte ich mit Ihnen, damit Sie aufhören können, in den scheinbaren Grenzen der Sicherheiten zu leben, die Ihnen weismachen möchten, dass Sie mit dem begrenzt Erreichten zufrieden sein sollten, da man eben nicht alles im Leben haben könne. Fliegen möchte ich mit Ihnen, hinaus aus den Burgen und Verließen Ihrer Vorstellungen, Erwartungen und Ängste, damit Sie dieses Gefühl entdecken, was es heißt, getragen zu werden, obwohl da nichts zu sein scheint.

Schließen Sie die Augen und sehen Sie sich einfach so, wie Sie sich als kleines Kind gesehen haben: als ein unschuldiges und in jeder Hinsicht vollkommenes Wesen, geliebt von der Schöpfung und gewollt von einer Ordnung, die so großartig ist, dass wir sie mit unserem fehlgeprägten Verstand nie und nimmer begreifen können. Sehen Sie sich als größtes aller Wunder, das nicht durch Angst, Schuld und Abhängigkeit, sondern durch Mut, Vergebung und Freiheit zum Wertvollsten wird, was es gibt.

Entdecken Sie, wie aus dieser neuen Einstellung sich selbst gegenüber ungeheure Kräfte entstehen. Fühlen Sie, wie Ihr Herz offen wird und warm! Und spüren Sie, wie Ihnen aus dem »Geheimnis des Meisters« Flügel wachsen – weit und wunderbar!

Fliegen Sie mit ...!

Die Sehnsucht
nach Glück

Ein glücklicher Mensch folgt niemandem.
Nur die Unglücklichen, die Verwirrten,
folgen eifrig anderen, in der Hoffnung,
bei ihnen Zuflucht zu finden.
Und sie werden Zuflucht finden,
aber diese Zuflucht ist ihre Finsternis,
ihr Untergang.
Nur der Mensch, der versucht herauszufinden,
was er selbst ist,
wird die Freiheit kennenlernen
und damit das Glück.

Jiddu Krishnamurti, 1949[2]

Warum wir unsere Prägung sind
und nicht wir selbst ...

Die Situation könnte angenehmer sein: Wir kommen auf diese Welt, haben uns die Eltern, das soziale Umfeld, die Religion, die Staatsangehörigkeit, das politische System nicht aussuchen dürfen, sondern werden einfach hineingeworfen in das, was sich »unser Leben« nennt. Im Grunde beginnt aber damit schon unser ganzes Unglück. Denn kaum, dass wir das Licht dieser Welt erblickt haben, greift das System, in das uns die Vorsehung nackt und frierend hineinstellt: Wir werden bewertet. Der diensthabende Arzt prüft aus Sorgfaltspflicht und weil wir just im Moment unserer Geburt wirklich in akuter Lebensgefahr schweben, unsere ersten Reaktionen und Reflexe, was umgehend zu einer Punktevergabe führt. Im sogenannten Apgar-Test werden wir alle einem Säuglings-Leistungssystem untergeordnet, aus dem heraus ersichtlich ist, wie fit wir für den Wettkampf ums Überleben sind. »Die Geburt ist der gefährlichste Zeitabschnitt unseres Lebens«, hat deshalb auch die Erfinderin dieses Tests, die amerikanische Ärztin Virginia Apgar 1972 in ihrem Buch »Is my Baby all right« geschrieben. Und da hatte sie zweifelsfrei so oder so recht. Denn nicht nur Herzfrequenz und Hautfarbe sind im Moment Ihrer Geburt von lebenswichtiger Bedeutung, sondern allem voran – Ihr Geschlecht: Was nützt Ihnen der beste Apgar-Test, wenn Sie ein Mädchen sind und in der Erwartung der Eltern oder eines Elternteils ein Sohn hätten werden sollen?

Was sich so flapsig liest, ist in Wahrheit für viele Eltern ein massives Problem: Sie übertragen ihre unsinnige Erwartungshaltung auf das unschuldigste Wesen, das es gibt – den neugeborenen Säugling. Vom ersten Atemzug an lassen sie dieses kleine und nichtsahnende Wesen spüren: Du bist so, wie du bist, nicht erwünscht! Ich erfuhr mit Entsetzen von einem ganz normalen Vater, der die Geburtsanzeige seiner ersten Tochter in der Zeitung vehement verhinderte, weil er unter allen Umständen einen Sohn haben wollte und niemand von seinem »Missgeschick« erfahren sollte.

Aber selbst wenn Sie der Wunschjunge oder das Traummädchen Ihrer Eltern sind: Wenn an Ihnen irgendein körperliches Defizit erkennbar ist, sind Sie unter Umständen, ehe Sie sich versehen, ein riesiges Problem, eine zu schwere Bürde, eine unerträgliche Last. Wie pervers! Denn Sie hat man ja schließlich nicht gefragt, ob Sie kommen wollen, sondern diejenigen, die für Ihre Entstehung, Ihr Leben, Verantwortung tragen, beschuldigen Sie nun, nicht deren Vorstellungen zu entsprechen. So als ob man Sie in einem Katalog bestellt hätte und nun das reklamieren möchte, was da neun Monate später angekommen ist. Das sind keine guten Voraussetzungen für Glück, jedenfalls dann nicht, wenn wir uns mit diesen engstirnigen und unreifen Einstellungen sogenannter Erwachsener identifizieren und sie als Tatsache und Wahrheit übernehmen. Wir tun es aber alle, weil wir als Säugling gar nicht in der Lage sind, zwischen Meinung und Wahrheit zu unterscheiden. Schließlich werden wir in den ersten Lebensjahren »geprägt« wie ein Metall, das durch einen bestimmten Prägestempel zur wertvollen oder nahezu wertlosen Münze wird. Diese »Prägung« ist für uns Menschen in jeder Hinsicht verhängnisvoll, da wir innerhalb kürzester Zeit (was sind denn schon ein paar Kinderjahre?) zu wissen glauben, wer oder was wir sind: Wir betrachten uns wie eine Münze aus dem Geldbeutel, lesen die aufgeprägte Zahl und sind felsenfest davon überzeugt, dass dies der exakte Wert ist. Und dann steht eben auf einer wunderschön glänzenden

Kupfermünze 2 Cent und auf einer hässlich grünlich-silbrigen Bimetallmünze 2 Euro, und damit ist dann auch schon alles darüber gesagt, welche Beachtung Sie der einen und der anderen Münze schenken.

Kein Witz, sondern leider die alles andere als komische Wahrheit: Mit dem ersten Tag unseres Lebens bilden wir exakt jene Schablone ab, in die wir von unseren Eltern oder Erziehern aus Unkenntnis und nicht selten Unreife gepresst wurden. Da wir in diesem Alter über kein Urteilsvermögen verfügen, vor allem aber wegen einer vollkommenen Abhängigkeit von unseren Eltern und Erziehern, wagen wir es gar nicht daran zu denken, dass diese Schablone im wahrsten Sinn des Wortes willkürlich, oft genug negativ und nicht selten krank machend oder sogar lebensgefährlich sein könnte. Wir nehmen die Prägung an, als sei sie unser Schicksal.

Warum wir glauben, dass eine Maske unser wahres Gesicht ist ...

In der griechischen Tragödie der Antike tragen die Schauspieler Masken. Im Altgriechischen heißt Maske »persona«, was wiederum so viel bedeutet wie »durch etwas hindurchklingen«. Kann es sein, dass wir alle lange Jahre unseres Lebens mit einer Maske vor dem wahren Gesicht herumlaufen und nicht wagen, diese zu lüften? Sprechen wir durch eine Maske, die uns mit unserer Geburt aufgesetzt wurde und von der wir überzeugt sind, sie zeige unser wahres Gesicht?

Stellen Sie sich einmal den Schreck vor, den ein Mensch erleben würde, wenn er wirklich von Geburt an nie sein wahres Gesicht, sondern immer nur seine »Maske« im Spiegel gesehen und sich logischerweise mit diesem »Aussehen« und »So-Sein« vollkommen identifiziert hätte. Wenn dann aber einer käme (das Schicksal?), ihm die Maske vom Kopf reißen und ihn zwingen würde, in den Spiegel zu schauen – wen oder was sähe dann unser armer Tropf? Irgendein völlig fremdes Wesen, das in ihm nicht Freude, sondern Ablehnung, sogar Entsetzen und Angst hervorruft! Er kennt dieses »Ab-Bild« nicht. Er ist sich in jeder Hinsicht fremd und lehnt das, was er da als sein Ebenbild sieht, als Fratze, als Maske, als Zerr- und Trugbild ab! Da er aber ungeschminkt mit der Wahrheit konfrontiert wird, die er nicht einfach leugnen kann, muss er jetzt zwangsläufig beginnen, sich auf dieses fremde Wesen einzulassen und sich irgendwie damit abzufinden, dass er jenen Menschen nicht kennt, der er eigentlich ist. Dieser Prozess entscheidet über den Sinn Ihres Lebens. Warum?

Die einen Menschen – nennen wir sie der Einfachheit halber die »Grauen« – werden nach dieser schockierenden »Erkenntnis« in jeder Hinsicht todunglücklich. Das Leben erscheint ihnen nicht mehr lebenswert, weil sie so sind, wie sie nicht sein wollen. Sie hadern mit einem ungerechten Schicksal und beginnen, ihr ganzes Leben anklagend und beklagend infrage zu stellen. Sie fühlen sich in jeder Hinsicht als Fehler der Schöpfung, ja sie glauben sogar, sie seien hier in diesem Leben an diesem Ort »fehl« am Platz. Und so beklagen sie vehement, was ihnen im Gegensatz zu anderen Menschen Unerträgliches aufgebürdet worden sei. Um es vorwegzunehmen: Dies endet immer in schweren körperlichen oder seelischen Krankheiten, nicht selten sogar im Tod! Der Mensch, der sich mit seinem wahren Wesen ganz und gar nicht anzufreunden bereit ist, wird sich selbst zum größten Feind. Den gilt es nun mit allen noch vorhandenen Kräften zu bekämpfen, zu besiegen und zu vernichten! Das Ende ist fraglos »vernichtend« – ein sinnloses Leben endet dann immer in einem noch sinnloseren Sterben!

In meiner psychotherapeutischen Arbeit stelle ich jedem Neuklienten im ersten Gespräch die für viele seltsame Frage: »Was fehlt Ihnen denn, um glücklich zu sein?« Jeder weiß natürlich genau, was er hat, warum er also zu mir kommt: wegen Alkoholproblemen, wegen Depressionen, wegen Burnout, wegen Zwangsgedanken und Ängsten, wegen nicht organisch begründbarer Schmerzen, wegen Partnerschaftsproblemen, wegen sexueller Versagensängste oder Kontrollzwängen und so weiter. Aber was er auf die Frage nach dem »Fehlenden« antworten soll, weiß er nicht! Ein vierzigjähriger Alkoholiker fängt auf diese Frage zu weinen an und sagt nach einer längeren Denkpause: »Geborgenheit – ja, das ist es. Das fehlt mir! Ich möchte einfach nur geliebt werden, so wie ich bin, mehr nicht.«

Ich frage ihn, ob er denn wirklich wisse, wer oder was er sei. »Ich war schon immer etwas Besonderes«, sagt er mir und beginnt zu lächeln. Es stellt sich heraus, dass er von seiner Familie als kränkliches Kind nie richtig für voll genommen worden war. Er war körperlich in den Augen des extrem disziplinierten Vaters ein »Schwächling«, und oft genug hörte er später auch, dass er zu diesem und jenem sowieso nicht fähig sei. Früh erwarb er sich die Überzeugung, dass er sich Freunde machen müsse, indem er etwas schenkt, etwas hergibt. Er lernte sozusagen, wie man sich Freundschaften erkauft. Als Schüler setzte sich diese erworbene Einstellung fort: Er gab sein Taschengeld für die Organisation von Schulfeten aus, damit er wenigstens in dieser Hinsicht von den Mitschülern gemocht wurde. Mehr und mehr wurde er so ein Opfer eines völlig falschen Selbstbilds, das ihm früh einimpfte, er müsse für die Liebe in gewaltige Vorleistung gehen. Selbst ein schwerster Vollrausch-Autounfall öffnete ihm nicht die Augen. Er blieb seiner Maske treu. Später als Student leistete er sich einen Lebensstandard, der weit über seinen Verhältnissen lag: viel zu große Autos, viel zu teure Möbel, viel zu kostspieliger Kneipenkonsum, viel zu anspruchsvolle Freundinnen. Am Ende sitzt bei mir in der Praxis ein promoviertes Wrack, hoch verschuldet, schwer alkoholkrank, perspektivlos, allein bei der Mutter lebend und hochgradig suizidgefährdet. Auf meine Frage, was er sich wünschen würde, wenn er ganz von vorne anfangen könnte, sagt er: »Dass alles leichter ginge! Gemocht werden, aber ohne Anstrengung! Einfach nur der sein dürfen, der ich bin! Das kann doch nicht so schwer sein, oder?«

Wir werden später sehen, wie die Antwort des Meisters für diese »grauen« Menschen ausfällt und wie eindeutig er sie auffordert, für die Entdeckung ihres Lebensglücks etwas Radikales zu tun. Zuerst aber wollen wir uns ansehen, wie die andere Gruppe der Menschen – ich möchte sie zur besseren Unterscheidung die »Bunten« nennen – mit dem Schock der Konfrontation mit dem wahren Selbst umgeht.

Warum wir einen Spiegel brauchen, um unser wahres Gesicht zu sehen ...

Während die »Grauen« also in tiefer Enttäuschung den Weg der Krankheit und des langsamen Erlöschens gehen, beginnen die »Bunten«, das alte Trugbild mehr und mehr zu vergessen und das neue Sein zu mögen. In der Rückschau ihres Lebens sehen sie plötzlich, wie sich ein Stein zum anderen fügt: Vergangenheit wird zu einer einzigen Kette von notwendigen Erfahrungen, die in den Moment des Selbsterkennens münden dürfen, sind die Wege dorthin auch oft steinig oder die Büsche dornig. Diese Menschen beginnen zu verstehen, warum die Eltern einen so und nicht anders erzogen haben, warum dies aus deren Sicht und Weltbild vielleicht sogar gerechtfertigt war, und warum damit Entwicklungen der eigenen Persönlichkeit einhergehen mussten, die ihren Sinn hatten: nämlich jenen einzigen Sinn des Lebens, im Widerspruch, im Scheitern, im Leid, in der Konfrontation mit dem Unverständlichen und Ungerechten nicht einen Grund zur Klage zu sehen (was einen eindeutig ins krank machende Fahrwasser der »Grauen« bringen würde), sondern eine Aufforderung und Ermutigung, ernsthaft zu prüfen, ob alles so stimmt, wie es bisher von mir geglaubt wurde. »Habe ich bisher so gelebt, weil es meine eigene Vorstellung von einem sinnvollen Leben war, oder habe ich versucht, den Vorstellungen anderer gerecht zu werden?« Sie fragen weiter: »Lebe ich eine Rolle, die mir zugeteilt wurde oder gestalte ich mein Leben entsprechend meiner inneren Stimme, meiner wahren Bestimmung?« Und schließlich: »Versuche ich die Erfüllung des Wunschtraums anderer zu sein, deren Liebe ich nicht verlieren will, oder lebe ich meinen eigenen in mir angelegten Traum?«

Diese Menschen legen ihr Weltbild und ihr Selbstbild, ihre Ideale und Vorbilder, ihre Freunde und Bekannten, ihre Werte und Ordnungen, ihre Hoffnungen und Wünsche, ihre Vorstellungen und Einstellungen, kurz ihr ganzes Leben auf den Prüfstand, indem sie tatsächlich den Sinn des bisher gelebten Lebens hinterfragen! Sie stellen die alles entscheidende Frage, die die Grundlage jeder echten Philosophie ist: »Wer bin ich wirklich?« Und sie stellen diese Frage nicht ängstlich, verbittert oder deprimiert, sondern als Suchende, die wissen wollen, warum das Glück bei ihnen offenbar Umwege macht, die Liebe oftmals zwischen den Fingern zerrinnt und die Freude allzu rasch der Trauer weicht. Schonungslos zerbrechen sie die tönerne Maske und schauen in den Spiegel, der wie im Märchen von Schneewittchen plötzlich zu sprechen beginnt: »Das, was du glaubst zu sein, mag ja ganz schön sein! Aber tief in dir ist ein Wesen, das ist tausendmal schöner als das, was du zu sein glaubst!« Diesen Spiegel jetzt zu zerstören, wäre die Antwort der »Grauen«.

Für die »Bunten« aber beginnt mit der Suche nach dem wahren Wesen die zweite große Reise ihres Lebens – und was für eine: eine atemberaubende, eine alles verändernde, eine fantastische! Sie gehen neugierig auf Entdeckungsreise und finden irgendwann erfüllt von Glück das faszinierendste Land dieser Welt: das eigene Wesen. Menschen, die sich auf diese Reise begeben, entsagen der Angst, weil sie wissen, dass alles Unbekannte die Chance zum Lernen beinhaltet, während die Angst davor den Stillstand bedeuten würde. Sie nehmen ihre Vergangenheit wertungsfrei als notwendigen Schritt vor der Gegenwart an, sehen in der Gegenwart den bewussten Schritt in die Zukunft und begreifen die Zukunft als angstfreies Abenteuer. In der Psychologie sprechen wir nun von einem »resilienten« Menschen, von einem also, der in der Lage ist, weder die Vergangenheit und die Gegenwart noch die Zukunft als negativ und schlecht zu bewerten, sondern der jeden Augenblick »bewusst« und als für ihn »richtig« lebt. Ein solcher Mensch klagt nicht (an) und bemitleidet sich nicht selbst, sondern packt an und bestärkt sich selbst. Das Gesicht im Spiegel wird ihm zum wichtigsten Begleiter auf der Reise durchs Leben: Durch diesen inneren Freund wird er quasi unbesiegbar wie der Held im Mythos, dessen Kräfte aus einer magischen Quelle zu kommen scheinen. Besonders mit Kindern und fantasiebegabten Erwachsenen, aber auch mit Menschen, die sich mit Bibeltexten irgendwie schwertun, arbeite ich deshalb sehr gerne mit erfundenen Geschichten, Märchen und Mythen – ganz im Stil des Meisters:

Auf meine Frage, welche Figur im Märchen am ehesten ihre ausweglose Situation beschreibt, nannte mir eine vierzigjährige Klientin spontan das Aschenputtel. Sie sehe sich genauso tagein tagaus sinnlose Arbeit verrichten und bekäme dabei keinerlei Anerkennung von ihrer Umwelt. Die lauten Menschen um sie herum würden sich ihrer Leistungen und des Grades ihrer Erschöpfung brüsten, während sie hinter einem Berg von Unerledigtem grau und letztlich von den anderen regelrecht vergessen vor sich hin vegetieren würde. Längst hatte sie mehrere Suchtprobleme entwickelt und ganz nebenbei auch noch einen chronisch entzündeten Darm. Am Beispiel des Aschenputtels führte ich diese Frau nun in das wahre Wesen dieses Märchens hinein: Nirgendwo dort steht nämlich, dass sich die Halbwaise beklagt und ihr aussichtsloses Dasein ständig bejammert. Sie fügt sich im Gegenteil klaglos dem täglichen Schicksal, auch wenn der Sinn dieses Lebens kaum erkennbar ist. In den Gesprächen mit der toten Mutter führt dieses Mädchen im Grunde Selbstgespräche, stärkt sich, mit der Situation leben zu können und glaubt vor allem an seine wahre Schönheit und Stärke. Nur dieser Glaube an die Wahrheit, ihr wahres Gesicht also, ist es letztlich, der ihr das Erwachen aus einem »bösen« Traum beschert und sie zur strahlenden Schönheit macht: Jetzt wird sie auch äußerlich – wenn auch nur für die begrenzte Zeit des Zaubers – wahrhaft schön! Und weil sie den Mut und das Selbstvertrauen hat, an diesen Zauber zu glauben, der ihre immer existierende innere Größe zur äußeren Größe werden lässt, findet der Prinz in ihr seine wahre Liebe. Die Stiefschwestern – äußerlich reich, aber innerlich arm – verstümmeln sich aus blinder Gier sinnlos und werden als Lügnerinnen entlarvt: Ihre Maske wurde ihnen zum Verhängnis, während der ungebrochene Glauben des Aschenputtels an sein wahres Selbst das Leben zum Fest werden lässt. Nicht von außen kommt also die Hilfe, sondern immer nur von innen!

So half ich der unglücklichen Klientin, die spirituelle Wahrheit ihres Lieblingsmärchens mehr und mehr zu erkennen und den Mut zu schöpfen, es dem Aschenputtel gleichzutun: an sich zu glauben und diesem Glauben auch Taten folgen zu lassen – solche Taten, die mit dem äußeren Bild des Aschenputtels rein gar nichts, mit der inneren Wirklichkeit aber fast alles zu tun haben. Von jenem Tag an begann der unaufhörliche Prozess der Heilung dieser Frau – innen und außen. Sie löste sich vom Druck der Anerkennung, suchte nicht mehr in den anderen Menschen ihr Problem und hörte auf, ihr Schicksal zu beklagen. Sie wuchs immer mehr aus sich heraus und wurde – mit Anfang vierzig – erwachsen! Sie geht jetzt den inneren Weg des echten Seins und hat dem äußeren Weg des falschen Scheins den Rücken zugewendet.

Aschenputtel findet auf dem inneren Weg zur Heilung und zum Glück – können Sie das einfach so stehen lassen? Oder wollen Sie lieber hinterfragen, was sich hinter diesen einfach klingenden Worten verbirgt?

Der innere Weg – welch eine hohle, wohlklingende Floskel, welch ein schönes Trugbild, welch kitschige Tröstung – so werden diejenigen sagen, die einzig und allein dem Glauben schenken können, was sie sehen und solchermaßen mit den Händen begreifen können. Aber warum wachsen dann Menschen über sich hinaus und glauben an eine verborgene innere Stärke, gerade wenn die äußeren Umstände alles andere als beglückend sind? Und: Ist nicht die riesige Eiche zuerst verborgen im Inneren einer winzigen Eichel, die aus dem Unsichtbaren des Erdreichs hinauswächst und sich zu einem Inbegriff von Festigkeit, Stärke und Schutz entwickelt?

Heilung von innen finden – welch eine gefährliche und verantwortungslose Aussage, so werden diejenigen sagen, die einzig und allein an die Macht der Chemie und des Skalpells glauben und so im Menschen ein chemisch-mechanisches Gesamtsystem sehen, dem Stoffe zugeführt werden müssen, die fehlen, und Teile herausgeschnitten werden müssen, die stören. Aber was ist dann mit der Kraft der Emotionen, die psychosomatisch in so vielen Sprachbildern von uns verwendet wird, wenn wir sagen, dass uns dieses oder jenes »auf den Magen geschlagen«, das »Herz schwer gemacht« und mir »die Füße unter dem Boden weggezogen« habe. Innerhalb weniger Sekunden wird in der Psychokinesiologie aus einem starken Arm ein schwacher Muskel, wenn wir uns mit negativen Emotionen »belasten«. Und umgekehrt kann der schwache oder kranke Mensch stark werden, wenn er sich konstruktiv und damit heilsam mit seinen belastenden Einstellungen befasst, nicht destruktiv und damit zerstörerisch mit den sichtbaren Symptomen.

Glück im Inneren finden – welch eine törichte Aussage, werden diejenigen sagen, die ihr Lebensglück einzig und allein auf vorzeigbarem Besitz und bestens gefüllten Bankdepots gründen. Aber kann ein Mensch, der um seinen Besitz, um seine äußeren Güter fürchtet, jemals glücklich sein? Muss er nicht Strategien entwickeln, um sich vorzugaukeln, wirklich glücklich zu sein? Wird er nicht Schauplätze aufsuchen, die zur Schau stellen sollen, wie glücklich er in seinem So-Sein ist? Aber was verursacht sein Festhalten am äußeren Ersatzglück, an der gelebten Glückslüge? Nichts anderes als

Angst, den wirtschaftlichen Halt zu verlieren und seine dadurch erreichte Position in der Gesellschaft der Schönen und
Reichen einzubüßen. Und wie groß ist sie doch, diese Verlustangst der Reichen um ihr Hab und Gut? Sie fürchten um
ihr Haben und verlieren dabei permanent ihr Sein. Wie
schnell wandelt sich ihr zur Schau gestelltes Glück, sich alles
leisten zu können, in ein Joch, das sie sich vergoldet haben
und nun zentnerschwer um den Hals tragen. Sie, die Sorglo-
sen, sehnen sich insgeheim nach einem leichten Leben, das
erfüllt ist von nicht käuflichen Werten: Liebe, Freundschaft,
Herzenswärme. Im ersten und dritten Geheimnis des Meisters werden wir darüber mehr erfahren.

Vielleicht spüren Sie schon, worum es geht. Möglicherweise ahnen Sie schon im Ansatz, wohin Sie der Weg des
Meisters führt, falls Sie ihn gehen wollen: kein Spaziergang,
kein Wellness-Wochenende, keine fröhliche Bergtour mit an-
schließender Hüttengaudi, nein! Wer sein Leben gewinnen
will, der muss bereit sein, viel zu verlieren – vor allem unnö-
tigen Ballast! Und wer an Gewicht verliert, gewinnt doch an
Höhe, oder ...?

Stellen Sie sich vor, Sie hätten sich einen lang gehegten
Wunsch erfüllt: eine abenteuerliche Reise von München nach
Neapel! Eben nicht bequem mit dem Zug oder Flugzeug,
sondern mit dem Heißluftballon. Gerade haben Sie die be-
zaubernde oberbayerische Landschaft hinter sich gelassen
und erfreuen sich nun an der überwältigenden Schönheit der
unter Ihnen sich scheinbar harmlos auftuenden Alpen. Voller
Ehrfurcht betrachten Sie unter sich die schneebedeckten
schroffen Gipfel, die massiven zerklüfteten Felsvorsprünge,
die tiefen dunklen Schluchten. Plötzlich aber spüren Sie,
dass Sie unerklärlicherweise an Höhe verlieren. Es wird Ihnen schlagartig klar, dass Sie bei weiterem Sinkflug in der

Gletscherwelt des Hochgebirges irgendwo abstürzen werden, ohne jede Chance auf Rettung. Was tun?

Sie erinnern sich, dass abgeworfenes Gewicht dazu führt, dass man an Höhe gewinnt, jedenfalls kurzfristig, um wenigstens die gefährlichen Felsmauern der Bergmassive unbeschadet zu überqueren und dann hoffentlich in den dahinterliegenden Tälern einigermaßen sicher zu landen. Sie werfen also die Sandsäcke ab, die außen am Korb befestigt sind. Der Ballon gewinnt wieder an Höhe, aber es wird trotzdem nicht reichen, eine Katastrophe zu verhindern. Im Passagierkorb existieren noch verschieden schwere Gegenstände: zwei Flaschen Sauerstoff, der Survival-Rucksack mit Medikamenten, Verbandszeug und Infusionen, eine Proviantkiste mit Essen und Getränken für zehn Tage, ein Fotokoffer mit der sündhaft teuren neuen digitalen Foto- und Filmausrüstung, ein Seesack mit zehn Garnituren Thermo-Wechselgewand für schlechtes Wetter, ein Schlafsack und Kochgeschirr, eine Kiste Ihres Lieblingschampagners für die Ankunft, ein kleinerer Rucksack mit privaten Utensilien, Büchern, Geldbörse, Schreibmaterial, Laptop. Wovon trennen Sie sich als Erstes? Sie haben keine Zeit, lange zu überlegen – der sichere Tod durch Unentschlossenheit lauert unter Ihnen ...

Warum wir lernen müssen, dass verkehrt denken nicht falsch ist ...

Hand aufs Herz: Wären wir bereit, uns von Bekanntem und Vertrautem zu trennen, um das Unbekannte und Ungewisse – das Leben vielleicht – zu gewinnen? An welchen Gewohnheiten, Einstellungen, Werten, Idealen, Vorstellungen, Wünschen hängen wir so sehr, dass wir glauben, wir bräuchten sie wie die Luft zum Atmen? Welchen Besitz, welche berufliche Position und soziale Stellung, welchen gesellschaftlichen Stellenwert, welchen sogenannten Wohlstand wären wir denn wirklich bereit herzugeben, um etwas zu bekommen, was Kopfschütteln und Ablehnung bei den »Etablierten« hervorrufen würde? Und jetzt das Allerschwierigste: Welche Menschen wären wir bereit zurückzulassen? Nicht verlassen, nicht im Stich lassen, nicht sitzen lassen – das ist nicht gemeint! Sondern auf deren Zuneigung und Anerkennung zu verzichten, um von der Angst frei zu werden, man könne ohne deren Sympathie, die wir fälschlicherweise als Liebe bezeichnen, nicht existieren? Wie wichtig ist uns das alles, was uns die so sehr dem Sichtbaren zugewandte Welt des 21. Jahrhunderts als lebensnotwendige, ja überlebenswichtige Ausrüstung fürs Leben vorgaukelt: An dieser Last zerbrächen wir und durch deren Gewicht würden wir an den kalten Felsen der Berge unseres Herzens zerschellen, würfen wir es nicht ab! Im dritten Geheimnis des Meisters werden Sie viel darüber erfahren …

Wahrscheinlich wollten Sie jetzt aber gerade eben das Buch schon weglegen und verächtlich darüber spotten: Hergeben, was ich mir so hart erarbeitet habe – was für ein Unsinn! Infrage stellen, was mein Leben so sorglos und reich gemacht hat – welch eine Dummheit! Auf Anerkennung und Ansehen verzichten, wofür ich so schwer gekämpft habe – was für eine Provokation! Mag sein, dass Sie recht haben. Mag sein, dass dieser Ansatz so unwirklich erscheint, weil er so ganz und gar nicht dem entspricht, was wir in jeder Sekunde um uns herum, in den Nachrichten, in der realen Welt erleben. Mag überhaupt sein, dass alles, was in diesem Buch steht, ein Traum ist, der auf den ersten Blick nicht gelebt werden kann, weil er nicht einem Weltbild von Gut und Böse, nicht einer Dualität oder Polarität von Himmel und Hölle, nicht einer Einteilung in Sieger und Verlierer entspricht. Aber könnte es nicht sein, dass diese Einteilung schlicht falsch ist? Was wäre, wenn unser gesamtes Weltbild genauso falsch ist wie das jener Menschen, die die Erde als Mittelpunkt des Universums sahen und alles andere als Ketzerei verurteilten? Haben Sie Lust, einfach mal alles beiseitezuschieben, was Sie als feste Regeln und Wahrheiten bisher unumstößlich geglaubt haben? Trauen Sie sich!

Machen wir also einen kleinen, aber nicht minder radikalen Versuch – und Sie werden sich, falls Sie dabeibleiben, erstaunt die Augen reiben! Schauen wir noch einmal zum Aschenputtel, das Linsen aus der Asche lesen musste. Dabei geht das Mädchen bekanntlich mithilfe der pickenden Vögelchen nach dem sogenannten Aschenputtelprinzip vor: die Guten ins Töpfchen, die Schlechten ins Kröpfchen. Ob Sie es glauben oder nicht: Dies ist ein Axiom, also eine Wahrheit, die weithin als unumstößlich angenommen wird, nämlich dass es eine prinzipiell zweipolige Sicht der Dinge in unserer Welt gibt – alles wird eingeteilt in »gut« und »schlecht«. Mag sein, dass ich Sie jetzt fürchterlich verwirre, aber stellen Sie sich jetzt einmal das Unvorstellbare vor, es gäbe diese trennende Einteilung nicht, die Sie von klein auf für unwiderruflich wahr gehalten haben. Stellen Sie sich demnach vor, die Weltteilung in Schwarz und Weiß, in Gut und Böse, in Sünder und Gerechte gäbe es nicht mehr! Es stünde demnach kein Wertesystem zur Verfügung, das dualistisch (zweipolig: gut/schlecht) ist, sondern eines, das in jedem Fehler eines Menschen einen für seine Entwicklung notwendigen Schritt und deshalb wiederkehrenden Versuch sieht, eine Ebene der Harmonie mit sich, der Welt und letztlich auch mit Gott zu erreichen. Dann wäre dieses »Fehlverhalten« des Menschen ja im

Grunde der notwendige Weg eines Heilsuchers, der diesen Weg gehen muss und deswegen dafür nicht verurteilt werden kann. Im Gegenteil sollte er ermuntert werden, durch die Schuld zum Heil zu kommen, oder?

Warum die Mathematik irrt und eins tatsächlich mehr ist als zwei ...

In der mittelalterlichen Dichtung des Artusromans ist dies genau so aufgegriffen: Schuldig werden ist dort keinesfalls ein Problem, das die »Laufbahn« eines Ritters belastet oder gar abrupt beendet. Im Gegenteil: Der Ritter auf dem Weg zum Heldentum muss schuldig werden, damit er erkennt, dass er sich auf einem Weg befindet, der nicht zum Gral oder zur Tafelrunde des König Artus führen würde, ginge er ihn unbewusst, also ohne Erkenntnis daraus, weiter. Davon handelt etwa die Geschichte des Parzival, die Wolfram von Eschenbach um 1210 verfasste. Schon der Name des jungen Helden zeigt symbolhaft, worum es im Leben geht: »Der, der zwischen zwei Extremen wandelt«, könnte man »Parzival« frei übersetzen. Es geht also um einen Menschen, dessen Erkenntnis sein wird, dass er nicht unfehlbar sein kann, sondern immer auf dem Weg der Fehlerhaftigkeit zur Menschlichkeit, zum Heil gelangt. Der junge Ritter Parzival begeht schwere Fehler: Es fehlt ihm an Mitgefühl und Herzenswärme. Dadurch erfährt er Leid und Krankheit überall um sich herum. Aber erst die Erfahrung dieser »Herzfehler« und das Annehmen ihrer Lehre befähigen ihn, eines Tages Gralskönig und damit eins mit sich und dem großen Unfassbaren (Gott?) zu werden:

Ist zwîvel herzen nâchgebûr,
daz muoz der sêle werden sûr.
Gesmaechet unde gezieret
ist, swâ sich parrieret
unverzaget mannes muot,
als agelstern varwe tuot.
Der mac dennoch wesen geil:
wand an im sint beidiu teil,
des himmels und der helle.

Wolfram von Eschenbach, Parzival[3]

In unserer heutigen Sprache könnte man übersetzen:

Wenn in deinem Herzen die Zweiteilung lebt,
wird deine Seele krank!
Denn falsch und richtig
ist es immer zugleich,
was das Handeln eines mutigen Menschen ausmacht.
Schau dir das schwarz-weiße Gefieder der Elster an:
Nur darin liegt das Heil des Menschen,
dass er weiß, dass sein Handeln immer beides vereint:
Himmel und Hölle![4]

Was so wunderbar vor achthundert Jahren in mittelhochdeutsche Verse gefasst wurde, sollte dem Menschen helfen, sein starres und krank machendes Bild von der Dualität aufzugeben, um dadurch dem Heilwerden die Tore zu öffnen:
Wie das schwarz-weiße Gefieder der Elster, jener weißen Taube im Körper eines schwarzen Raben (weiß/schwarz, gut/böse), ineinander übergeht, so gehören Fehler und Heil zusammen und können nicht voneinander getrennt werden – Schwarz und Weiß sind eine Einheit, nicht eine Zweiheit.

Wie wir merken, kommen wir hier schon an unsere moralischen Grenzen: Wieso sollte ich den Fehler und das Fehlverhalten eines Menschen nicht verurteilen? Wenn wir davon ausgehen, dass es keinen einzigen unfehlbaren Menschen gibt und es eine Anmaßung gegen die Schöpfung wäre, sich als unfehlbar zu bezeichnen, dann machen wir folgerichtig alle tagein, tagaus Fehler. Wir sind wütend auf andere, wir verurteilen andere, wir reden und denken schlecht über andere, wir neiden anderen ihre Lebensumstände, wir hassen andere wegen ihrer Gemeinheit. Im dualistisch-polaren Wertesystem sind wir in diesem Verhalten die Schlechten, die Sünder, die zum Heil noch einen weiten Weg vor sich haben. Diesen Weg aber können wir innerhalb dieses Systems nur über Strafe, Reue, Buße und Umkehr erreichen. Wir fühlen dadurch die Last der Schuld und unsere Minderwertigkeit auf uns, und bekommen im vernichtenden Urteil der Umwelt dies deutlich und schmerzhaft zu spüren. Als Abwehr gegen diese äußerst unangenehmen Gefühle projizieren wir jetzt alles Übel dieser Welt auf die anderen, die dadurch in unseren Augen zu den eigentlich schlechten Menschen werden. Der Konflikt ist somit perfekt: Ich verurteile die anderen, die anderen verurteilen mich. Dem permanenten Krieg zwischen vermeintlich Gut und Böse ist Tür und Tor geöffnet! Im nicht-dualistischen Wertesystem erkenne ich aber in meinem eigenen Fehlverhalten das, was mich noch von einer inneren Harmonie mit mir selbst, im esoterischen und spirituellen Sinne von Gott trennt. Thorwald Dethlefsen sprach in diesem Zusammenhang 1978 davon, dass sich im eigenen Fehler offenbart, was mir zum Heil noch fehlt. Ich erkenne also objektiv, dass ich gar nicht unfehlbar sein kann und dass deshalb jeder Fehler, den ich unbewusst begehe, eine Weiterentwicklung ist, die mich herausführt aus dem dunklen Tal der unbewussten Schuld. Statt »Fehler« könnten wir also auch »Suche« einsetzen – ich mache einen Fehler = ich mache mich auf die Suche ...!

So ergeht es dem jungen Parzival am Ende seiner Suche: Er findet sich, sein wahres Wesen, und wird eins und heil.

Wenn also jeder Mensch bei sich anfinge, seine gemachten Fehler und sein Fehlverhalten als Spiegel seiner inneren Entwicklung zu sehen, dann würde er immer mehr »sich selbst erkennen« und immer besser »sich selbst verstehen«. Er würde Verständnis für sein (Fehl)Verhalten entwickeln, Versöhnung mit sich und seiner dualistischen Zerrissenheit erlangen und sich aus dieser Erkenntnis des Fehlenden heraus auf die Suche nach dem Heil machen können. Ein solcher Mensch wird demütig und großmütig zugleich, verurteilt nicht mehr die anderen, hat keine Vorurteile und Schubladen mehr, in die er die anderen selbstgerecht stecken könnte, sondern entwickelt aus dem Mitgefühl für sein eigenes Suchen und Fehlen Mitgefühl für den Mitmenschen und dessen individuellen Weg des Suchens und Fehlens. Genau an dieser Stelle ist das dualistische Wertesystem ausgehebelt und es entsteht ein ganz anderes System ohne Pole, ohne sich ausschließende Extreme: Es entsteht das grenzenlose System der unschuldigen Liebe.

Die Liebe hebt also alle Gegensätze und Pole auf, weil sich in ihr alle Gegensätze vereinen und damit ihre Widersprüchlichkeit verlieren. Somit ist das Ziel jeder menschlichen Suche (und Sehnsucht) die Liebe. Sie bedarf aber zwangsläufig des Suchens und damit des Fehlermachens. Anders gesagt: Das Ziel all meiner Fehler ist die Erfahrung der Liebe und damit die Erlösung aus der Welt der schmerzhaften Gegensätze. Damit erlöst mich die Liebe von meiner Schuld, was aber eben im Vorfeld nicht ohne Schuldigwerden geht. Was paradox klingt, ist eine der zentralen Botschaften des Meisters und wird uns im zweiten Geheimnis mit dem Gleichnis vom »Verlorenen Sohn« noch sehr plastisch vor Augen geführt.

Aus religiöser Sicht könnte sich in diesem »System der Liebe« kein Papst, kein Imam, kein Priester gleich welcher Religion dieser Welt mehr anmaßen, Sie wegen eines aus seiner Sicht rechtschaffenen oder eben sündigen Lebens zu den Guten oder zu den Bösen zu zählen. Der moralische Richter des alten Weltbildes müsste sich im neuen Weltbild dem, der in seiner Suche und Sehnsucht nach dem Gesetz des alten Weltbilds zum Schuldigen wurde, in Liebe nähern. Nur so würde er den wahren Grund dessen Handelns verstehen lernen. Er ginge demütig ins Haus des »Sünders«, um von ihm Mitgefühl zu lernen, nicht ihn wegen seiner Fehler zu richten. Plötzlich würden der Sünder zum eigentlich Gläubigen und ein selbstgerechter Frommer zum eigentlichen Sünder. Das ganze System einer auf Hierarchie (also göttlicher Ordnung), Amt und Sakrament aufgebauten religiösen Organisation bräche schlagartig zusammen, das Priestertum und die Verherrlichung von Menschen an der Spitze einer religiösen Gruppe entpuppten sich als eigentliches Sakrileg einer Menschverherrlichung und der die Wahrheit verdeckende Vorhang des Tempels würde in der Mitte entzweireißen. Kein Stein eines hierarchischen religiösen Systems bliebe auf dem anderen und jeglicher ungesunde Gurukult um angeblich heilige oder heiligmäßige Menschen würde aufhören, weil er nichts anderes wäre als die Erhöhung des einen zum Preis der Erniedrigung des anderen.

Wenn Sie dieser Versuch zu sehr schockiert, sind Sie noch ein Gefangener des alten Weltbilds: Dann wollen Sie lieber einteilen in Sünder und Gerechte, wollen mit dem Finger verächtlich auf »die da« zeigen und sich selbstgerecht mit der Hand auf die Brust klopfen:

Lieber Gott, ich danke dir, dass ich nicht wie die anderen
Menschen bin, die Räuber, Betrüger,
Ehebrecher oder auch dieser Zöllner dort ...
Lukas 18,11

Im dualistischen Wertesystem lassen Sie zu, dass es Pharisäer und Schriftgelehrte gibt, die darüber entscheiden, ob Sie zu den Siegern oder zu den Verlierern im göttlichen Kampf ums Überleben gehören. Verstehen Sie: Nicht Sie selbst entscheiden im polaren Weltbild von Gut und Böse durch Erkenntnis über Ihre Entwicklung, sondern ein anderer, der behauptet, mit der dafür notwendigen göttlichen Macht ausgestattet worden zu sein, verurteilt Sie und verhindert so Ihre Entwicklung.

Weh euch, ihr Schriftgelehrten und Pharisäer, ihr Heuchler.
Ihr verschließt den Menschen das Himmelreich. Ihr selbst
geht nicht hinein, aber ihr lasst auch die nicht hinein, die
hineingehen wollen.
Matthäus 23,13–14

Sie sind also auf Gedeih und Verderb dem Urteil dieses Menschen ausgeliefert, der sich anmaßt, das Recht dazu zu haben, weil er den Schlüssel für das Himmelreich ebenso in Händen zu halten glaubt wie jenen für die Pforten der Hölle. Drastischer als der Meister kann man gar nicht die Perversion des alten Systems darstellen, wenn er in seiner berüchtigten Brandrede gegen die kirchlichen Würdenträger Israels droht:

Weh euch, ihr Schriftgelehrten und Pharisäer, ihr Heuchler! Ihr zieht über Land und Meer, um einen einzigen Menschen für euren Glauben zu gewinnen; und wenn er gewonnen ist, dann macht ihr ihn zu einem Sohn der Hölle, der doppelt so schlimm ist wie ihr selbst!

Matthäus 23,15

Warum es unsinnig ist, das Unendliche zu messen ...

Wenn Sie das Geheimnis des Meisters, das uns im Jetzt und nicht auf das Jenseits vertröstend Glück, innere und äußere Harmonie verspricht, ganz und gar verstehen und anwenden wollen, damit es Ihnen ein Leben in Zuversicht, Heiterkeit und Gelassenheit bringt, dann trauen Sie sich – wie eben geschehen – zuerst alles auf den Prüfstand zu legen, alles, wirklich alles infrage zu stellen. Warum auch sollten Sie das nicht tun? Fragen Sie sich zuerst: Sind Sie glücklich, so richtig rundherum glücklich? Dann würden Sie dieses Buch gar nicht lesen. Sind Sie vollkommen zufrieden mit sich und Ihrem Leben? Dann wären Sie bereits ein Eingeweihter, wüssten das Geheimnis des Meisters und würden es nicht hier zu finden hoffen. Nein! Sie dürfen, ja Sie müssen das Recht haben, all das zu hinterfragen, was Ihnen bisher diese dunklen Gefühle und verletzenden Erfahrungen, dieses Leben mit zu viel Leid und zu wenig Glücksmomenten, diesen ständigen Kampf um ein relativ unwirtliches oder einfach nur schöngeredetes Überleben eingebracht hat. Es ist doch so, dass Sie all diesen Gefühlen und Erfahrungen immer wieder und schon so lange mit aller Macht entfliehen wollten und wie so oft nur in einer anderen Wüste landeten.

Was verursacht dieses permanente Scheitern? Was lässt uns immer und immer wieder straucheln und hinfallen? Was ist das eigentliche, offenbar unüberwindbare und scheinbar schicksalhafte Hindernis bei unserer Suche? Kann es sein, dass wir für die Welt wegen unserer eigenen verkrusteten und erstarrten Vorstellungen blind sind und deswegen als Blinde auf eine sinnlose Suche gehen, chancenlos etwas zu sehen, geschweige denn zu finden? Kann es sein, dass wir deswegen blind sind, weil wir nicht zulassen können, dass dort in der Welt etwas existiert, das nur in unseren verborgenen Wunschvorstellungen, in unseren tiefsten Träumen lebt? Wenn also das, was wir suchen, nur ein unerlaubter Traum unserer Seele ist, was finden wir dann logischerweise in der Welt, in der wir uns auf die Suche nach dem dort nicht sichtbaren Glück begeben? Finden wir deshalb in der Welt nur das, was wir uns letztlich erlauben? Ist es demzufolge wirklich denkbar, dass wir tatsächlich unseres Unglückes eigener Schmied sind, wie so viele Anhänger einer ins Spirituelle übersetzten Quantentheorie behaupten? Und was wäre, wenn das, was wir da Tag für Tag zusammenschmieden, eben deswegen Unglück und Leid wären, weil unser Glück etwas mit dem Übertreten von selbst geschaffenen Grenzen und der Auflösung von dualen Gegensätzen zu tun hätte? Was wäre, wenn es tatsächlich diese Grenzen sind, die erst überschritten werden müssen, damit das »Unerhörte«, das »Unsichtbare«, das »Undenkbare« und das »Unglück« sich in ein mit allen Sinnen wahrnehmbares Glück verwandeln können?

Dann wäre es dringend notwendig, uns zuerst anzusehen in welchem Weltbild wir leben, wie wir uns unsere Welt einrichten, welche Welt wir akzeptieren und damit – im wörtlichen Sinn der Bedeutung des lateinischen Worts »accepta-re« – welche Welt wir »empfangen«. Warum sagt der Meister:

In der Welt seid ihr in Bedrängnis; aber habt Mut:
Ich habe die Welt besiegt!

Johannes 16,33

Was meint er damit, dass man jene Welt »besiegen« muss, in der man in »Bedrängnis« ist? Und wie besiegt man diese Welt, die wir in uns eindringen, von uns Besitz ergreifen und uns derart besetzen lassen?

Seit es Menschen gibt, bestimmen die bereits erwähnten Gegenpole »gut« und »schlecht« alles: Kinder aller Generationen und aller Völker wurden dazu erzogen, gut, dann besser und schließlich perfekt zu werden. Alle Moralregeln, alle Gesetze, alle gesellschaftlichen Maßstäbe wurden je nach Zeitgeist so gestaltet, dass man daran messen konnte, ob der Mensch schon gut oder noch mangelhaft oder gar schlecht ist. Jedes System einer menschlichen Gesellschaft war immer schon auf Bewertung und Beurteilung aufgebaut. Damit einher geht die Notwendigkeit, Vergleiche anzustellen: Bin ich besser als dieser? Warum bin ich so viel schlechter als jene? Alle Vergleiche dienten und dienen nur dem einen Zweck: sich auf der »eingebildeten« Messlatte einzuordnen, seinen Platz auf dem »selbst genormten« Leistungsbarometer zu finden und damit »Schwarz auf Weiß« ablesen zu können, wie weit man noch vom Gut-Sein entfernt ist. In meiner Praxisarbeit nenne ich diese verhängnisvolle uralte Verhaltensweise der Menschen die »Lizenz zum Unglücklichsein«. Da nämlich diese Messlatte immer ins Unendliche geht, kann man dem Anspruch der Perfektion nie gerecht werden. Und man verliert jeden Vergleichstest mit dem vermeintlich »Besseren«. Es geht ja schließlich immer noch besser ...! Aus dieser Einstellung, dass unsere menschliche Qualität im Vergleich zu einem anderen messbar ist, erschließt sich ein grausames System, das eben nur auf der einen Seite die Sieger, auf der anderen die Verlierer kennt. Und der Betrachter der Messlatte, der zugleich ihr Schöpfer ist, wird sich immer auf der Verliererseite sehen.

Ich erinnere mich noch an den vielhundertfachen Millionär in meiner Praxis, der mir mit traurigem Blick sagte, er werde es in diesem Leben wohl nicht mehr schaffen, auf die FORBES-Liste der reichsten Menschen Deutschlands zu kommen. Er werde wohl nie mehr Milliardär werden. Dies aber sei sein größter Wunsch gewesen, als er mit seinen Handelsgeschäften begonnen habe. Aus Frust über diese »Niederlage« (!) wurde er hochgradig depressiv und begann unkontrolliert zu essen, bis er über zweihundert Kilogramm wog und sich aus Angst vor einem tödlichen Schlaganfall einen Leibarzt im eigentlichen Sinne einkaufte: Tag und Nacht sollte dieser nun darüber wachen, dass er nicht plötzlich sterben würde. Er sah sich als Verlierer auf der Messlatte der Superreichen ...

Wenn wir unser Leben an irgendwelche (willkürlich) gesetzten Maßstäbe anlegen, erzeugen wir automatisch Enttäuschung, Traurigkeit, Depression. Wir erzeugen aber auch Ängste, Unzufriedenheit, Schuldgefühle, Hass. Ehe wir uns versehen, leben wir in einer Welt, die uns präsentiert, dass wir minderwertig sind, schlecht, schwach. Jetzt bleiben uns nicht mehr allzu viele Möglichkeiten: Entweder wir beginnen uns immer mehr selbst zu hassen oder wir sehen in den vermeintlich besseren Menschen die Zielscheibe unseres immer stärker werdenden Hasses. Je mehr wir uns aber selbst hassen, desto ohnmächtiger werden wir gegenüber einer übermächtigen Welt um uns. In unserem Mikrokosmos »Körper-Seele-Geist« herrschen nur noch negative Gedanken, negative Gefühle, negative Einstellungen. Wir vergiften uns mit verborgenem Selbsthass und werden ganz sicher krank: seelisch oder körperlich – es spielt keine Rolle! Wir bringen uns um, weil wir uns nicht mehr ertragen können, weil uns nichts an uns gefällt, weil wir uns vor uns selbst ekeln.

Ich habe die unfassbarsten Krankheitsgeschichten erlebt, die vor allem bei Krebserkrankungen alle auf ein oft unterdrücktes oder verstecktes katastrophales Verhältnis des Menschen zu sich selbst zurückzuführen waren: totale Ablehnung des eigenen Wesens, vernichtende Selbstabwertung, brutaler Hass gegen sich selbst. Und immer die Einordnung auf der »Gut-Schlecht-Skala«: Ich kann nichts, bin nichts wert, bin nichts! Gerade bei Frauen ist aus meiner Erfahrung heraus dies die häufigste Ursache für Krebserkrankungen: Sie lehnen sich ab und halten dem Vergleich mit irgendwelchen inneren Idealbildern nicht stand. Sie empfinden sich als zu hässlich, zu wenig sexuell attraktiv, zu normal, zu banal. Sie finden ihren Körper nicht schön genug, ihre Stimme können sie nicht ertragen, weil sie hässlich klinge, und immer haben sie irgendeinen Vergleich parat, an dem man genau ermessen könne, wie widerlich sie seien. Sie bewerten sich als »zu dumm« und »zu blöd«, erzählen nur von Niederlagen im Leben, an denen man ja deutlich sehen könne, wie wenig sie zu etwas fähig seien. »Hässlich« ist das meistgebrauchte Wort dieser Frauen und »Hass« ist es auch, der ihren Körper und ihr Gemüt bis in die letzte Zelle vergiftet. So werden sie krank, und wuchernde Krebszellen bedienen sich eines verhassten Körpers, der von seinem Bewohner zur Vernichtung freigegeben wurde. Ich nenne deswegen auch den Krebs den »Schrei nach Liebe«: Es schreit die hungrige Seele danach, geliebt und ganz angenommen zu werden, während der Mensch sich hasst und zutiefst ablehnt.

Geht der Hass in die andere Richtung, nämlich in die Welt, so entstehen daraus Ausgrenzung, Abgrenzung, Trennung. Jede menschlich tiefe Feindschaft ist darin begründet, aber auch aller religiöser und ideologischer Fanatismus, jeder Rassismus, alle Völkermorde, Kriege. Wo vorher nur der nette Nachbar war, der wirtschaftlich gesund und wohlhabend neben einem lebte, sah der Nationalsozialist plötzlich den »dreckigen Juden«, der es aufgrund eines Parteiprogramms nicht wert war, am Leben zu bleiben. Neid als eine Folge der Bewertung der eigenen Position auf der Messlatte wird zu blindem Hass gegen Menschen und ganze Völker. Millionen Deutsche haben im Dritten Reich diese furchtbare Umfärbung der Welt entstehen lassen, indem sie die Minderwertigkeitsgefühle einer ganzen Nation in mörderischen Hass gegen eine Rasse verwandelten. Plötzlich war jemand schlecht, der vorher bewundert und respektiert wurde. Plötzlich wurde das Weltbild ein anderes und mit ihm veränderte sich die Welt. Und wie sie sich damals veränderte!

Diese selbst erfundene Welt dringt tatsächlich in unsere Seele ein, bringt uns also in tiefe Bedrängnis, wie es der Meister formuliert. Sie verändert unser gesamtes Wesen. Und genau die Lüge dieser Welt müssen wir in uns durchschauen, sie ad absurdum führen, sie wie der Meister besiegen, indem wir aufhören zu vergleichen, zu messen, zu bewerten, zu verurteilen. Der Weg zum Glück führte noch nie über die Messlatte und den Vergleich. Dieser Weg führt immer ins Verderben, in Traurigkeit und Leid. Das haben unsere Eltern erlebt, unsere Großeltern, unsere Urgroßeltern. Kain erschlug den Abel, weil er sich immer mehr einredete, Gott bevorzuge das Rauchopfer seines Bruders und bewerte damit Abel besser als ihn. Er veränderte in seiner Wahrnehmung das Bild des vorher geliebten Bruders zur hässlichen Fratze eines Konkurrenten, den er aus dem Weg räumen muss, um sich nicht mehr messen zu müssen. Aber kaum war Abel tot, tauchte sicher bald der nächste »Konkurrent« auf und die Vernichtungsmaschinerie des Hasses nahm ihren weltgeschichtlich traurigen Verlauf ...

Warum aber lassen wir es zu, dass dieses Gift in uns eindringt, uns für die Wahrheit blind und unser Wesen fanatisch und einseitig werden lässt?

Als Kinder haben wir erfahren, dass es sinnlos ist, sich gegen elterliche Autorität zu widersetzen. Und wir haben erfahren, dass es unmöglich ist, innerhalb bestimmter durch Autoritäten gesetzter Grenzen eine freie Entscheidung zu treffen, lieber diesen als den anderen Weg zu gehen. Aus diesen Erfahrungen werden dann zementierte Überzeugungen, dass es prinzipiell verlorene Liebesmüh ist, sich einem gegebenen Umstand zu widersetzen. Wir resignieren somit sehr früh im Leben und akzeptieren folglich die Umstände, so wie sie sind (bzw. so wie wir sie zu sehen glauben!). Wir »glauben«, dass die Dinge so und nicht anders sind. Wir bauen also ein starres Glaubenssystem, das rigoros festlegt, was innerhalb dieser Überzeugung richtiges und was falsches Verhalten ist. Und jetzt kommt das Schlimmste: Wir hinterfragen dieses Glaubenssystem normalerweise ein ganzes Leben lang deshalb nicht mehr, weil wir fest davon überzeugt sind, nur als Teil dieses Systems überhaupt zu existieren. Wir geben uns im wahrsten Sinn des Wortes keine andere Wahl, sondern gestehen uns nur eine Existenzberechtigung ausschließlich innerhalb der Grenzen dieses Glaubenssystems zu und sind damit zur Veränderung, zur Wahlfreiheit, nicht mehr fähig. Das heißt: Wir sehen nur noch den einen Weg, nicht mehr aber die vielen Straßen und Abzweigungen. Was so abstrakt klingt, lässt sich an einem dramatischen Praxisbeispiel sehr eindrucksvoll und auch erschütternd veranschaulichen:

> Sabine war etwa dreißig Jahre alt und kam mit malignem Melanom und multiplen Metastasen zu mir. Ihre Ärzte hatten keinerlei Hoffnung mehr und gaben ihr noch sechs Wochen zu leben. Deshalb bat sie um psychotherapeutische Palliativ-Begleitung ihres absehbaren Sterbens. Im Erstgespräch zeigte sich eine dramatisch zerrissene Persönlichkeit, die einerseits von einem geordneten, fast ein wenig spießig anmutenden Leben mit Familie, kleinem Haus und Garten träumte, andererseits aber ihr gesamtes Dasein und So-Sein abgrundtief hasste. Sie sah sich als Versagerin, die es im Leben zu nichts gebracht hätte und den Erwartungen der Eltern nicht im Entferntesten gerecht geworden wäre. Sie hatte drei Kinder von drei Männerbekanntschaften, wurde immer wieder von den Liebhabern geschlagen, erniedrigt, verlassen. Sie durchlebte Drogenexzesse und experimentierte zwischendurch in fast allen Grenzgebieten der Sexualität. Sabine hatte zu nichts und niemandem Vertrauen (schon gleich gar nicht zu sich selbst), hatte keinerlei Selbstwertgefühl oder Achtung vor sich selbst, empfand sich als zu nichts Besonderem fähig, untalentiert und dumm.
>
> Sie erzählte von den wohlhabenden Eltern und deren Schwarz-Weiß-Weltbild, mit dem sie als Teenager rein gar nichts habe anfangen können. Sie sei ein richtiger kleiner Revoluzzer gewesen, um auf ihre Protesthaltung aufmerksam zu machen, aber der Vater habe sie dafür lediglich mit Verachtung gestraft und ihr gesagt, sie werde ihre

Quittung für so viel Blödheit schon noch im Leben bekommen. Auch die Mutter habe ihr immer wieder gesagt, dass sie es zu nichts brächte, wenn sie so weitermachen würde. Statt dann wirklich einen ganz eigenen Weg (einen kreativen und individuellen) einzuschlagen, habe sie »eingesehen, dass sie eine Versagerin« sei und für sie lediglich ein »beschissenes Leben vorgesehen« sei. Sie habe sich damit abgefunden, dass sie ein schwarzes Schaf sei und auch lebenslänglich bleiben würde. Genau diese Erwartungen der Eltern, vor allem des Vaters, schien sie jetzt mit allen Mitteln »erfüllen« zu wollen. Deshalb habe sie den Erstbesten geheiratet (einen Drogensüchtigen) und mangels Ausbildung schnell das erste Kind zur Welt gebracht, um als Mutter eine Aufgabe zu haben. Als der Mann wegen Dealerei ins Gefängnis kam, habe sie als Sozialhilfeempfängerin und nunmehr alleinerziehende Mutter die ganze Brutalität des Systems kennengelernt: »Du bist nichts wert, wenn du nichts bist und nichts hast!« Sie wurde dann von einem Bekannten schwanger, obwohl sie verhütet hatte, und die Katastrophe nahm ihren weiteren Lauf. »So was konnte nur mir passieren! Schwanger trotz Pille!« Sabines Überzeugung war felsenfest: Sie sei zu dumm zu allem, nicht einmal eine Schwangerschaft könne sie verhindern. Mit dem dritten Kind »aus einem flüchtigen One-Night-Stand« wurde diese selbstvernichtende Behauptung restlos untermauert. Beziehungsunfähig sei sie, davon war sie absolut überzeugt, und dass es vielleicht doch so etwas wie eine Strafe für ein »unanständiges Leben« gebe.

Dann kam bei einer Routineuntersuchung der Hammer: Auf ihrer Lunge waren Schatten gefunden worden, die als Metastasen eines malignen Melanoms, also des schwarzen Hautkrebses, diagnostiziert wurden. Ein medizinisches Todesurteil! In ihrer Verzweiflung öffnete sich Sabine ihren Eltern und schilderte ihnen ihre ganze Perspektivlosigkeit ihres Lebens. Aber immer noch erfuhr sie kein Verständnis oder wenigstens Mitleid. Wieder nur Vorwürfe und Vorurteile! Erst als die Folgen der Krankheit immer deutlicher sichtbar wurden, sie immer schwächer wurde, reiste die Mutter an, um der Tochter und den drei minderjährigen Kindern zu helfen. Der Vater aber blieb im sonnigen Altersdomizil.

Durch das Geheimnis des Meisters gelang es Sabine, ihr vernichtendes Selbstbild zu entlarven und begann wirklich – leider in diesem Stadium der Krankheit viel zu spät – Liebe zu sich und ihrem Leben zu entwickeln. Statt nach sechs Wochen starb sie nach zwei Jahren, friedlich und mit sich im Reinen. Sie hinterließ gefasste Kinder, aber eben auch fassungslose Eltern, die sich sogar noch am Sarg für die Tochter schämten: Sabine – aus der Kirche längst ausgetreten – hatte nämlich noch Wochen vor ihrem Tod Texte und Musik für die Trauerfeier selbst ausgesucht und dabei in keinem Punkt dem Bild des protestantisch-bürgerlichen Vaters entsprochen. Ihre Asche ließ sie von einem Schiff ins Meer streuen. Wenige Stunden vor ihrem Tod hatte ich sie ein letztes Mal besucht. Sie lächelte mich an und umarmte mich mit ihren kraftlosen Armen: »Ich habe keine Angst mehr. Ich fühle mich frei und zufrieden«, sagte sie. »Jetzt weiß ich, dass mein Weg ein guter war!« Ich fühlte bei diesen Worten in mir eine einsame Trauer, dass sie nicht viel früher den Weg zu sich und zum Geheimnis des Meisters gefunden hatte.

Wenn wir fest davon überzeugt sind, dass wir »schuldig« sind, »schlecht« und »verurteilungswürdig«, verhalten wir uns wie Franz Kafka in seiner autobiografischen Erzählung »Der Prozess«: Wir lassen uns keine Chance, sind unser schärfster Richter und Staatsanwalt. Für uns gibt es keinen Zweifel an unserer Schuld und deshalb keinen Freispruch, sondern nur ein wirkliches Todesurteil.

Dadurch wird unser gesamtes Lebenssystem eines der verhängnisvollen Schuld und des selbstverachtenden Schuldigseins! Wir empfinden unser Schuldigwerden als Voraussetzung für eine gerechte Strafe und sehen in den unglücklichen Lebensumständen den gerechten Lohn für unser ungehöriges Verhalten, unser Fehlverhalten. Die Folgen sind eindeutig: Wir werden körperlich krank, weil wir uns wesenhaft krank fühlen. Unser gesamtes Leben wird zu einer endlosen Kette von Traurigkeit, weil wir wesenhaft traurig sind. Unser gesamtes Dasein wird zu einem einzigen großen Unglück, weil wir uns nicht erlauben, unser wesenhaftes So-Sein als Glück zu sehen und damit den Schatz nicht finden und schon gar nicht heben können. Da ist sie, die Bedrängnis der Welt, die wir selbst entstehen lassen haben, weil wir uns unsere Einzigartigkeit, unsere gottgewollte Vollkommenheit, unsere reale Einmaligkeit absprechen und uns somit zur wertlosen Kreatur degradieren.

Dass gerade die Kirchen – und damit meine ich alle Organisationen, die in den Religionen der Welt den Urboden eines ursprünglich zutiefst göttlichen Gedankens verlassen und daraus ein menschliches Hirngespinst gemacht haben – in der Geißelung der Schuld und der Zementierung des Verbots ihre große Chance der Macht über den Menschen gesehen haben, ist nicht wegzudiskutieren. Erst durch die Perversion der Schuld und die Verteufelung der Sünde kamen die

Priesterkasten zu Macht über die arme und sich verloren glaubende Seele. Den Menschen in die schlimmste aller Abhängigkeiten zu schicken, indem man ihm weismachte, er habe in dieser Welt keine Chance, seine Schuld selbst zu sühnen, ist unter dem pervertierten Deckmäntelchen der Liebe die eigentliche Diktatur des Bösen. Die Angst vor dem Daumen des Priesters, der allmächtig über Absolution oder Verdammung, über Himmel und Hölle entscheiden konnte, ließ die menschliche Seele Tausende von Jahren verdunkeln und immer tiefer in Schuld und Angst versinken. Wie viel Leid ist auf diesem schrecklichen Nährboden gewachsen? Welches schreckliche Weltbild (ja, ein Bild und eben nicht Wirklichkeit!) musste sich daraus entwickeln? Ganz sicher keines, das auf der Einzigartigkeit des einzelnen Menschen aufbaut, keines, das Mut und Vertrauen im Menschen stärken sollte, sondern Angst, Angst und nochmals Angst! Der Meister warnt in seinem zweiten Geheimnis genau vor dieser Haltung und er selbst hat ja keine Gelegenheit ausgelassen, die Menschen zu ermutigen, ihre Bestimmung zu entdecken und sich nicht von der Religion der Gesetze und deren Pharisäern schlechtmachen und erniedrigen zu lassen.

Warum der Weg in die Freiheit immer durchs Gefängnis führt ...

Wer das Glück also wirklich finden will, tut dies nicht, indem er versucht, das Unglück auszuradieren und zu zerstören. Anders gesagt: Wer seine gegenwärtige Situation des Leids nicht als Weg zum Heil, sondern als zu bekämpfendes Übel sieht, schafft permanent neues Leid. Die Lösung aus der

Starre ist die Annahme (Akzeptanz) des Leids und des Heils als Einheit. Für diese Einheit sind wir bisher in der Welt blind und deshalb auch gar nicht in der Lage, den Schatz zu finden. Das mag für den einen oder anderen verrückt und aufreizend provokant klingen, aber durch das sichtbare Unglück und die Akzeptanz dessen als notwendigen Teil des Glücks führt der Weg zur Schatzkammer! Um dies zu können, muss alles bisher Geglaubte und Angenommene infrage gestellt werden, um die Augen für das Unsichtbare zu öffnen, das sich immer auf der entgegengesetzten Seite befindet. Wenn nämlich die geglaubte Welt kein Heil ermöglicht, ist ein Leben in ihr sinnlos. Der Mut zu hinterfragen wird somit zum eigentlichen Beginn des Lebens und die daraus sich ergebenden Folgen führen endlich aus dem Dunkel ins Licht. Philosophisch gesprochen: Der »fraglose« Ist-Zustand ist Tod – die Frage ist Geburt – die Antwort ist Leben!

Schauen wir noch einmal zurück auf unseren achthundert Jahre alten jungen Ritter Parzival: Solange er im Angesicht des Leids und der Krankheit des Gralskönigs Anfortas nicht zu fragen wagt, was ihm denn »fehle«, ist sein Leben tot. Als er aber nach langen Jahren der Suche seines eigenen Wesens gereift und voll Mitgefühl, erwachsen geworden aus der Erfahrung des Lebens und der Notwendigkeit der Schuld, zu fragen wagt: »Oheim, was wirret dir? – Onkel, was fehlt dir denn, um glücklich zu sein?« –, wird die Welt um ihn heil und das Leben in Überfluss beginnt.

Keine Sorge: Ich will Sie nicht wirklich um Ihre lieb gewonnene Wertewelt bringen. Auch will ich Sie nicht zu Revoluzzern, Bilderstürmern und antireligiösen Fanatikern machen. Aber Sie lernen auf dem Weg des Meisters zu denken, zu fühlen und eben auch zu tun, was Sie vorher für undenkbar, unfühlbar und unmöglich hielten. Sie werden lernen, als

Schatzsucher genau dort zu suchen, wo Sie es bisher eben nicht gewagt haben. Sie werden lernen, einen Weg zu beschreiten, der sich zuerst sehr eng und beschwerlich anfühlt, viel enger als der ausgetretene, breite, allgemeingültige Weg. Aber Sie werden diesen Weg lieben lernen und ein Leben ernten, das spannend ist, Augen und Herzen für glückliche Momente öffnet und zu jedem Zeitpunkt frei von jeglicher Enge, von jeglicher Angst ist.

> Geht durch das enge Tor! Denn das Tor ist weit, das ins Verderben führt, und der Weg dahin ist breit und viele gehen auf ihm. Aber das Tor, das zum Leben führt, ist eng und der Weg dahin ist schmal und nur wenige finden ihn!
> *Matthäus 7,13*

Wenn alle Menschen diesen ersten Schritt des Ausbrechens aus einem verurteilenden und verdammenden polaren Wertesystem gingen, indem sie bei sich selbst und ihren Fehlern zu suchen anfingen, käme es mehr und mehr zu einer Annäherung der Welt. Denn wer sich selbst besser versteht, erlernt die Fähigkeit, den anderen in seiner Schwachheit, in seinen Fehlern besser zu verstehen. Wer sich selbst vergeben kann, weil er die Wurzel seines Verhaltens ergründet hat, kann dem anderen leichter vergeben und diesem damit einen Neuanfang ermöglichen. Wer sich mit seinem »Schatten« aussöhnen kann, ihn »integriert«, wie es der spirituellste Psychotherapeut des letzten Jahrhunderts, der Schweizer C.G. Jung, formulierte, sieht im Schatten des anderen nicht mehr das bedrohliche Monster, das ihn auffressen möchte, sondern empfindet Mitgefühl und vielleicht auch Sorge um den Mitmenschen, der sich im Schatten verwickelt und des-

wichtiger: Wie bin ich in der Lage, diese apokalyptischen Reiter mutig in die Flucht zu schlagen, um dem Glück der Vergebung und der atemberaubenden Erfahrung der Freiheit Platz zu machen?

Das Geheimnis des Meisters kennt den Ausweg – und ohne es vielleicht bemerkt zu haben, gehen Sie schon die ersten Schritte durchs enge Tor in ein weites Leben.

Lernen Sie nunmehr alle drei Geheimnisse kennen und erfahren Sie im ersten Geheimnis des Meisters innere Ruhe und Frieden, wenn Sie den Fluch der Angst aufheben und den Mut zur Liebe entdecken ...

Das erste Geheimnis:
Der Fluch der Angst

Amen, amen, ich sage dir:
Wenn jemand nicht von Neuem geboren wird,
kann er das Reich Gottes nicht sehen.

Der Meister zum Pharisäer Nikodemus,
Johannes 3,3

Wenn wir selbst nicht betroffen sind, können wir uns gar nicht vorstellen, wie zerstörerisch der Einfluss einer tief sitzenden und lähmenden Angst auf den Menschen ist. Dabei ist es wirklich unerheblich, ob die Angst aus uns selbst, unserer Einstellung und unserem Glauben, oder aus der Welt um uns, deren Bedrohungen und Umständen kommt: Je mehr uns die Angst erstarren lässt, desto mehr zerstört sie uns, macht unser Leben klein und nichtig und uns selbst schwach und zerbrechlich.

Entgegen vollkommen unsinniger Behauptungen von immer noch die Psychoanalyse mit Zähnen und Klauen verteidigenden Anhängern Sigmund Freuds, wonach man die Angst nur intensiv genug bekämpfen müsse, um ihrer Herr zu werden, ist ein Kampf gegen die Angst so unmöglich zu gewinnen wie der Kampf gegen den Krebs. In diesem Zusammenhang ist es aus meiner Sicht indiskutabel, wenn manche »Angstforscher« unter anderem behaupten, Angst sei eine Art »Treibstoff für Erfolg«. Aus der Sicht dieser Wissenschaftler hat Angst eine positive und faszinierende Seite, weil sie Menschen zu Höchstleistungen anspornt. Dies ist aus therapeutischer Sicht ein völliger Irrweg und aus der Erfahrung in der Arbeit mit unzähligen Angstklienten sogar gefährlich: Einem Menschen voller Angst aufzuzeigen, wie viel »schöpferische Kraft« in seiner Angst liegt, kommt dem makaberen Versuch gleich, einem Drogensüchtigen den psychedelischen Horrortrip als »kreatives Träumen« beschönigen zu wollen. Und es stimmt auch nicht, dass aus der Angst Leistungen geboren werden, auf die Menschen stolz sind oder gar Glück darüber empfinden: Der aus Angst Erfolgreiche empfindet seine Leistung etwa so wie der Mensch, der nachts von einem riesigen schwarzen Hund verfolgt wird, um sein Leben rennt und sich mit letzter Kraft in Sicherheit bringt. Was glauben Sie, wie dieser Gejagte reagieren würde, wenn Sie ihm dann freudig auf die Schulter klopfen und sagen, er könne auf seine Laufleistung stolz sein ...?

Lassen Sie sich von nichts und von niemandem, von keinem Arzt, Apotheker oder ansonsten sich in Angstfragen kompetent fühlendem Menschen etwas vormachen: Angst ist grundsätzlich zerstörerisch und niemals kreativ, wenn sie den Menschen daran hindert, zu handeln. Angst ist immer lebensvernichtend und niemals bereichernd, wenn sie den Menschen davon abhält, Entscheidungen zu treffen. Lähmende Angst ist das Krebsgeschwür der Seele und niemals ein willkommener Antrieb für Höchstleistung.

Das mag ganz und gar nicht ins Klischee passen, aber Helden aus Angst gibt es nicht, weil der Held erst zum Helden wird, wenn er die Angst überwunden und in Mut verwandelt hat: In »Herr der Ringe« ist es der die Angst überwindende und immer mutiger werdende Gefährte Sam, der den jammernden und zaudernden Frodo ans Ziel führt und damit die Menschen von der Angst vor dem Bösen befreit. Im Gegenteil verleitet die Angst zu Taten, die alles andere als heroisch sind: Frodo hätte vor lauter Angst kurz vor dem Ziel seinen dunkleren Trieben nachgegeben, wenn da nicht die Lichtgestalt des mutigen Freundes gewesen wäre, die den ängstlichen Gefährten zwingt, sein Volk von der Macht des Bösen und der Angst davor zu erlösen.

Das erste Geheimnis des Meisters ist das Erkennen der Ängste in uns. Jener fluchgleichen Kräfte, die uns daran hindern, ein Leben in Freiheit und vollkommener Risikobereitschaft zu führen. Im Erkennen und Entlarven unserer Ängste liegt die Keimzelle des Mutes, den der Meister als »Heilmittel« anbietet: Erst der mutige Mensch erwacht zum eigenen Leben, während der ängstliche in Rollen und Muster schlüpft, die ihn zwangsläufig unglücklich und schuldig werden lassen. Es ist nicht der planbare Weg, den der Meister fordert, sondern der unplanbare, unwägbare, unbekannte. In ihm liegt die Herausforderung des Lebens. Und dieser Weg kann nur in Liebe gegangen werden, weil er sonst jeden Boden unter den Füßen verlieren lassen würde.

Stellen Sie sich vor, Sie zittern sich zum Gipfel eines Berges, weil Sie, permanent die Gefahren des Absturzes vor Augen, an nichts anderes als an die mögliche Katastrophe und die Vermeidung derselben denken: Wie viel Freude und Glück ist dann in diesem Erlebnis? Mut und Vertrauen aber ergeben einen festen Schritt und einen nicht brechbaren Willen: das ist der Boden, auf dem die Liebe wächst.

Euer Ja sei ein Ja, euer Nein ein Nein; alles andere stammt vom Bösen!
Matthäus 5,37

Wir ahnen schon, dass es um eine Entscheidung geht, um ein Ja zu sich und seinem Leben: Ein glückliches Leben aber ist nach Auffassung des Meisters nur dem möglich, der ein permanentes Ja zu sich spricht. Wer in der trügerischen Welt nach Bestätigung seines Wesens sucht, wird zum Gehetzten, zum Gejagten. Er verstrickt sich mehr und mehr in die Angst, nicht gut genug zu sein, nicht zu passen. Aus dieser Angst werden Trägheit, Mutlosigkeit, Feigheit. Und so stellt sich eben Entscheidungsunfähigkeit ein, die der Welt allen Platz lässt, mit uns ihr böses Spiel zu betreiben.

Warum Angst blind macht ...

Angst ist – dies möchte ich vorwegnehmen – der eigentliche Widersacher, ja der größte Feind der Liebe! Wer in der Angst bleibt, erreicht die befreiende Ebene der Liebe nie, sondern im paradoxen »Idealfall« die Ebene des lieblosen Überlebens und angstvollen Dahinvegetierens. Der Mensch in Angst windet sich zwangsläufig in einem Teufelskreislauf von Abwehr, Flucht und Projektion. Am Ende erwarten uns schwere seelische und körperliche Beschwerden, Kräfteverlust, Leid. Glauben Sie mir: Ein Leben, das aus der Angst geboren wird, ist wie die Situation eines gierigen Schatzsuchers, der nach einem Schiffbruch auf eine verlassene einsame Insel verschlagen wird, auf der er neben Wasser und Nahrung Kisten von Gold und Diamanten findet. Jetzt hält er den Schatz in Händen, nach dem er ein Leben lang fieberhaft gesucht hatte, aber es fehlt ihm die dazugehörige Welt, in der er mit seinen Schätzen ein Luxusleben führen könnte. Wie gerne tauschte er jetzt den wertlosen Schatz gegen ein wertvolles Leben in einer lebenswerten Welt. So existiert der Mensch in Angst auf seiner einsamen Insel, lebt aber nicht wirklich. Er hat den Schatz des Lebens, kann aber nichts damit anfangen.

»Sei ohne Furcht: Glaube nur!« (Markus 5,36) sagt der Meister zum Synagogenvorsteher, dessen geliebte zwölfjährige Tochter gestorben ist. Alles ist in Panik und Schmerz, alle erstarren aus Angst vor der Endgültigkeit des Todes. Nur der Meister ist frei davon, wandelt die Angst des verzweifelten Vaters in Glauben und erweckt das Kind vom Tode. Wie immer sich diese wundersame Wiederbelebung zugetragen haben mag, aber eines wird in den wenigen affirmativen Worten an den Vater offenbar: Der Meister will dem Menschen Mut machen, will ihn mutig und voller Überzeugung, will ihn stark machen aus dem Glauben an sich und die göttliche Ordnung. Er will dem von Schmerz und Furcht gebrochenem Vater vor Augen führen, dass ein Leben in der Angst immer zum Tod führt, ein Leben in der Liebe aber ganz sicher zum wahren Leben. Anders gesagt: Ob das Mädchen wieder zum Leben erweckt wird oder nicht, ist keinesfalls das Entscheidende. Wichtig ist vielmehr, dass ein Herz voller Ängste und Furcht (vor dem Leben) zwangsläufig in einem dunklen und sinnlosen Tod endet, während ein Leben in Mut, Glauben und Liebe die größten Grenzen überwinden kann: sogar jene des Todes.

Ein Leben aus Liebe ist keine »heile Welt« oder »Traumwelt«, wie sie mir ein Mensch vor einiger Zeit ein- oder eigentlich besser ausreden wollte. Sie ist ein klares Bekenntnis zum Leben, zum nächsten Schritt, zur nächsten Herausforderung, zum nächsten Erlebnis. Ein »Traumtänzer der Liebe« zu sein, ist ein Kompliment für mich, denn die Alternative ist ein Dasein als »Sklave der Angst«. Genau von diesen Fesseln will der Meister die Menschen befreien, indem er ihnen zuruft: »Fürchte dich nicht!« – Dies ist keine verbale Streicheleinheit, wie sie die Mutter ihrem in der Nacht hochgeschreckten Kind gibt, ihm über den Kopf streichelt und dabei flüstert: »Du musst keine Angst haben, ich bin ja da.« Dies ist eine Forderung, ist eine Aufforderung, ist eine dringende Ermahnung. Sie könnte als Frage auch heißen: »Mensch, was erwartest du vom Leben, wenn du dich fürchtest?« Und natürlich schwingt auch die für die Lösung aller Verstrickungen so wichtige Frage mit: »Wovor fürchtest du dich eigentlich?«

Die Erwartungshaltung der Furcht ist immer Angst vor etwas Furchtbarem. Also erwartet der Mensch in Furcht das Schlimme, das Schreckliche, das Unausweichliche. Er erfindet seine Welt tagtäglich neu als Schreckenswelt ohne Freude und Glück. Und er findet tagtäglich Argumente dafür, dass das Leben eben kein schöner Traum, sondern eine Last, eine Plackerei, ein Abarbeiten von Aufgaben ist. Das ist seine Realität. Und unsere Gesellschaft gibt ihm recht, wenn sie sagt, dass der ein Träumer ist, der sich an der Schönheit der Natur so sehr freuen kann, dass sein Herz weit wird. Für derlei Schwärmerei ist kein Platz in einer eiskalten Angstgesellschaft, in der knallharte Leistung zählt, nicht Gefühl, zählbarer Erfolg, nicht unsichtbare Werte.

So wird die Welt des Ängstlichen zu einem Jammertal, weil er das Paradies, in dem er lebt, gar nicht sehen kann, so blind sind seine angstvollen Augen geworden. Und weil er unfähig zu sehen ist, hört er rings um sich überall nur Heulen und Zähneknirschen, torkelt durch die Nacht des Lebens, sticht sich an den Dornen der Rosen und ist blind für deren Schönheit.

Warum Angst abhängig macht ...

> Furcht gibt es in der Liebe nicht, sondern die vollkommene Liebe vertreibt die Furcht.
> Denn die Furcht rechnet mit Strafe, und wer sich fürchtet, dessen Liebe ist nicht vollendet!
> 1 Johannes 4,18

Die Furcht rechnet mit Strafe! – Erinnern Sie sich an Ihre ersten Versuche, Regeln der Eltern zu übertreten? Es war Ihnen sicher nicht wohl dabei, etwas zu tun, was unter Androhung von Strafe verboten war. Aber Sie haben es genauso gemacht, wie es jedes Kind tut: Sie haben eine scheinbar moralische

Grenze mit dem sicheren Wissen übertreten, dass Sie mit größter Wahrscheinlichkeit für Ihr Handeln bestraft werden würden. Wenn Sie ehrlich sind, hatten Sie bei der ganzen Sache keinen wirklichen Spaß, weil die Angst vor dem, was kommen würde, größer war als der Genuss. Freilich werden Sie jetzt einwenden, dass das doch sein Gutes habe, wenn Kinder ein schlechtes Gewissen hätten, widersetzen sie sich den elterlichen Vorgaben. Aber Vorsicht: Die vermeintliche Autorität der Eltern oder anderer Erzieher ist wieder nur eine von Ideologien und Einstellungen geprägte. Somit entsteht das schlechte Gewissen des Kindes nicht aus einer wie auch immer gearteten universellen moralischen Instanz in seinem Innersten, sondern einzig und allein aufgrund von Prägung durch die äußere Moral, also durch Eltern, Lehrer, Religion, Gesellschaftssystem. Dazu kommt, dass wir in unserer Kindheit tatsächlich von diesen Menschen abhängig sind: Ein Kind kann zu einem Elternteil oder zu beiden Eltern nicht sagen: »Ihr macht mir Angst. Ich verlasse euch!« Ein Kind muss das aushalten, was ihm Eltern und Erzieher antun, sei es gut gemeint oder wirklich böswilliger Missbrauch der Kinderseele. Wie im Märchen von »Hänsel und Gretel« werden Kinder auf einen Lebensweg geschickt, der in die Irre gehen, ins Verderben führen kann. Und das sogar, obwohl der Vater der beiden Kinder als einer dargestellt wird, der seine Kinder aufrichtig liebt. Haben Sie schon einmal darüber nachgedacht, warum in so vielen Märchen Kinder unter schwachen oder schlicht herzlosen Eltern leiden?

Viele Eltern und Erzieher glauben, dass sie ihre Kinder lieben, indem sie sie nach ihren Regeln und nach ihrer Überzeugung erziehen. Sie sagen ihnen, was sich »gehört« und was nicht. Sagen ihnen, dass sie sich immer ihrer Herkunft besinnen müssen und dass sie das Ansehen ihrer Familie, ihrer Schule, ihrer Religion nicht beschmutzen dürfen. Sagen ihnen, dass sie sich nicht so wichtig nehmen sollen und ihre Ansprüche zurückschrauben müssen. Drohen mit Strafe, wenn religiöse oder soziale »Gesetze« nicht beachtet werden, wenn sie schlicht nicht funktionieren, nicht ins Weltbild der scheinbaren moralischen Instanz passen. Mit Angst vor Strafe wird also das Verhalten des Kindes erzwungen. Und so opfert das kleine unschuldige Wesen seine angeborene Würde und Vollkommenheit einer angeblich von Liebe getragenen Prägung. Aber es bleibt ein Gesetz des Meisters: Furcht gibt es in der Liebe nicht! Und so glauben viele Familien und familienähnliche Institutionen liebevoll miteinander umzugehen, und doch regiert nur die Furcht, den Erwartungen der moralischen Instanz nicht gerecht zu werden. Grausamstes Beispiel für diese Perversion der Liebe ist der sexuelle und körperliche Missbrauch in den Familien, der auf dem Boden eines Leistungsprinzips entsteht, den Kindern aber als einzig funktionierendes Liebesprinzip beigebracht wird.

>> Mein Vater war mein Gott!«, sagte Mona zu mir, die über zehn Jahre von ihrem Vater sexuell und körperlich schrecklich missbraucht wurde. »Er war stark, mutig und reich, denn ihm – so wurde es uns als Kindern vermittelt – hatten wir dieses herrliche große Haus, unseren wunderbaren Garten und all die vielen Spielsachen zu verdanken, die nur wir in der Stadt hatten.« Als mir Mona die ersten Erfahrungen ihrer bizarr-traumatischen Kindheit und Jugend erzählte, hatte ich zuerst den Eindruck, dass da jemand von einem Übervater schwärmte, der bewundert und vergöttert wurde. Sie beschrieb ihre Familie als absolut patriarchalisch, in der eine depressiv-schwache Mutter und ein dominant-

autoritärer Vater die Eltern bildeten. »Mir fiel oft auf, dass er das Sagen hatte, wenn sich sein Freundeskreis bei uns getroffen hat: Dabei wurde immer viel getrunken und gelacht, aber am lautesten lachte mein Vater«, sagte sie, »und er schrie auch am lautesten, wenn sich die Männer stritten oder aufeinander losgingen!«

Als der Vater immer öfter nach solchen Abenden zur kleinen Mona ins Zimmer kam, war sie richtig stolz darauf: Zu ihr, nicht zu der anderen Schwester kam er, weil sie, wie er sagte, »seine« Tochter sei. »Du gehörst deinem Vater, deine Schwester und dein Bruder mir«, hatte auch die Mutter ihr oft genug gesagt. »Nach solchen Abenden saß Papa an meinem Bett, begann mich überall zu streicheln und zu küssen. Er nannte mich sein ›Frauchen‹ und ›Weibchen‹, Worte, die er zu Mama nie sagte.« Es dauerte nicht lange, dann nahm der Vater die kleine Tochter auf Geschäftsreisen mit, weil sie, wie er ihr offenbarte, seine »Lieblingstochter« sei: Jeder Vater, der mehr als eine Tochter habe, würde sich eine zur Lieblingstochter auswählen, der er besondere Sachen beibringen würde, die er den anderen niemals verraten würde. Und weil diese geheimen Dinge so besonders seien, dürfe ihrerseits die Lieblingstochter keinem davon auch nur ein Sterbenswörtchen verraten, sonst würde ein schreckliches Unglück geschehen, »zum Beispiel, dass die Mama stirbt«. Die kleine Mona war fest davon überzeugt, dass ihr Papa ihr nur aus Liebe »besondere Sachen« beibringen würde.

Das Ganze mündete in eine der vielen grausamen Inzestbiografien, die ich so oft in meiner Praxisarbeit höre. Aus dem Vater wurde ein Vergewaltiger, ein Zuhälter, ein Folterer, ein Dealer, ein potenzieller Mörder.

Erst nach zehn unvorstellbaren Jahren des Psychoterrors und der Todesangst konnte sich die nunmehr junge Frau aus den Krallen des Vaters befreien. Bis heute glaubt ihr kaum einer ihre Geschichte, weil die Familie wirtschaftliches Ansehen genießt und weil Mutter, Schwester und Bruder aus Angst vor dem Verlust der gesellschaftlichen Position den Vater »decken« und Mona »opfern«. Sie selbst sagt heute, sie wollte perfekt funktionieren, wie es ihr Vater von ihr forderte. Sie ging durch die Hölle, damit der Teufel mit ihr zufrieden war. Ihr allmächtiger Gott benützte sie und regierte über sie mit der Macht zersetzender Angst, nahm ihr jedes Selbstwertgefühl und vermittelte ihr unter dem wahnsinnigen Prinzip einer »Liebe des Gebens und Nehmens«, dass Liebe nur bekommt, wer funktioniert und dass der Funktionierende angsterfüllt alles tun müsse, um Liebe zu bekommen.[5]

»Borderline-Syndrom« nennt man übrigens die psychische Erkrankung, die auf diesem unvorstellbaren Boden vergifteter Liebe wächst. Diese missbrauchten Menschen wandeln an den Grenzen des Vorstellbaren, überschreiten oft die Grenzen des Erträglichen, müssen vollkommen neu lernen, dass Liebe nichts mit zu erfüllenden Bedingungen zu tun hat, sondern ein Geschenk ist, dem man sich hingeben darf. Gelingt es überhaupt, solche seelisch aufs Schlimmste verletzten Menschen wieder beziehungsfähig zu machen, dann nur auf dem Weg des Meisters: Er gibt es nämlich in die Hand des geschundenen Menschen zurück, dem Peiniger zu vergeben. Wäre für den missbrauchten Menschen die Entschuldigung und der Kniefall des Täters zur Heilung seiner Wunden notwendig, wäre er doch nur weiter abhängig von der Entwicklung und Veränderung des Missbrauchenden. Dies hilft ihm ebenso wenig wie eine Entschuldigung des Scharfrichters nach der Enthauptung: Es macht den getöteten Menschen nicht wieder lebendig. Der Meister nennt als Geheimnis neuer Freude und damit echten Erfahrens von Liebe die Vergebung, die im »Vater unser« in der so oft missverstandenen Aussage gipfelt:

Und erlass uns unsere Schulden, wie auch wir
sie unseren Schuldnern erlassen haben!
Matthäus 6,12

In meiner Praxisarbeit habe ich so viele seelisch und körperlich missbrauchte Menschen therapiert. Aber nur über den Weg der Vergebung konnte Frieden in deren verdunkelte Seelen einkehren. Nicht Verzeihung, das wäre völlig falsch verstanden: Das, was Missbrauchstäter Kindern antun, kann nicht verziehen werden. Aber es kann ihnen zurückgegeben werden in dem Sinne, dass es die schreckliche Schuld des Täters ist, der damit leben muss, die Liebe gesteinigt, die Abhängigkeit Schutzbefohlener ausgenützt und deren Wunsch, alle Erwartungen zu erfüllen, bösartig manipuliert zu haben. Vergebung ist das Erlassen von Schulden und das Überlassen der Einsicht und der Umkehr gegenüber dem Schuldner. Es ist also die Freiheit des zutiefst Verletzten, zurückzugeben, womit er nicht länger verzweifelt belastet sein darf. Dann ist Heilung möglich, weil sie aus ihm selbst heraus geschieht. Alles andere ist nur die Verdrängung von nicht Verdrängbarem und damit eine ständige Konfrontation mit der wunden Seele: Wer das warme Licht dieser Form von Vergebung in sein Innerstes lässt, zündet der wunden Seele in kalter Nacht eine erste Kerze an. Diese heilende Wirkung werden Sie vor allem im zweiten Geheimnis noch viel deutlicher erfahren.

Nur am Rande möchte ich darauf hinweisen, dass jeder Missbrauch in den Familien, der mir bisher untergekommen ist, auf einem jahrtausendealten, religiös verbrämten, falschen Männerbild gründet: Die männlichen Götter in der griechischen Mythologie hatten das Recht, sich ihre Menschen-Mädchen zum Zeugen von Halbgöttern selbstherrlich aussuchen. Feudale Großgrundbesitzer, deren Reichtum als gottgewollt dargestellt wurde, benützten ihre Mägde als Objekte ihrer Macht. Wie viele Namenlose dieser krankhaften Überhöhung der Männlichkeit zum Opfer gefallen sind, weiß keiner. Dass aber dahinter ein schwer krankes Zerrbild von Liebe steht, muss nicht näher ausgeführt werden. Wen wundert es da, dass sich in den Familien ein absolutistisches Vaterbild entwickelt hat, in dem »der dem Vater zu Diensten« sein musste, der durch ihn und von ihm lebte. Und dass es die Frauen dabei besonders schrecklich traf und immer noch trifft, ist eine tragisch-dunkle Seite unserer Angst- und Leistungsgesellschaft.

Dass das dunkle Thema »Missbrauch« auch vor den Klostermauern und Kirchenpforten nicht haltmacht, ist daraus erschreckend leicht ableitbar: Männer in der Ausbildung zum katholischen Priester werden seit fast zweitausend Jahren in Bezug auf das Weibliche, den weiblichen Körper und die erotische Liebe zwischen Mann und Frau deutlich fehlgeprägt, indem ihnen letztlich als Wahrheit gelehrt wird, Gott habe den Mann (Adam) als Krönung der Schöpfung und die Frau (Eva) als Handlangerin des Teufels geschaffen. Sie lässt sich von der Schlange (Teufel) verführen und verführt dann ihrerseits den Mann. Ihre Weiblichkeit, ihre Reize, ihre sexuelle Energie bekommt somit indirekt etwas »Teuflisches«. So wundert es nicht, dass Kirchenväter des frühen Christentums wie Tertullian oder Hieronymus die Frau als »Einfallspforte des Teufels oder Pforte zur Hölle« bezeichnet haben. Oder gar der schreckliche »Hexenhammer« des Dominikaners Heinrich Kramer aus dem Jahre 1486, der die Frau als »Feind der Freundschaft, eine unausweichliche Strafe, ein notwendiges Übel, eine natürliche Versuchung, eine begehrenswerte Katastrophe, eine häusliche Gefahr, einen erfreulichen Schaden, ein Übel der Natur«[6] bezeichnet. Allein aus diesen Worten kann man schon die schreckliche Projektion heraushören, nämlich dass da etwas begehrenswert sei, was verteufelt werden muss, weil man in sich den Trieb der Begierde entdeckt.

Aus solch krankem Geist wurde immer nur wieder krankes Denken geboren: Demzufolge wurde in der kirchlichen Tradition die Sexualität zwischen Mann und Frau als die sündhafte Haltung des schwachen Menschen umgedeutet, die Enthaltsamkeit wie etwa im Zölibat als reine Haltung des von Gott Bevorzugten geheiligt. Dass Homosexualität und leider auch Pädophilie von Männern in geistlichen Berufen immer schon krampfhafte Auswege aus solch furchtbaren Irrlehren waren, ist leider traurige Realität. Die »Verteufelung« des Normalen führt konsequenterweise immer zum Unnormalen, zum Krankhaften. Alle Ausgrenzung führt zu Ausuferung.

Aber auch die grundsätzlich auf Angst vor der ewigen Verdammung in der Hölle aufgebaute Lehre der Kirche lassen in so manchem kirchlichen Kopf die Überzeugung entstehen, er verfüge über eine Art »gottgewollter« Autorität. Solche Männer und Frauen glauben dann, es sei ihr Recht und ihre Pflicht, »Sünder« psychisch und körperlich zu bestrafen. Im Namen der Liebe verletzen sie so die Seelen und kleinen Körper, um junge Menschen auf den »rechten Weg« zu bringen. Welch eine Perversion des Geheimnisses des Meisters!

Er würde jene Häuser, die seinen Namen tragen und in denen in seinem Namen solchermaßen Verbrechen an der Liebe vollzogen werden, leerfegen und den Verantwortlichen zurufen: »Mein Haus soll ein Haus des Gebetes sein. Ihr aber habt daraus eine Räuberhöhle gemacht!« (Lukas 19,46)

Der Meister ist Gott sei Dank radikal! Er duldet in Bezug auf die Liebe keine Kompromisse: Wer in der Liebe ist, will nicht herrschen und strafen, wer aus Liebe lebt, hat keine Angst vor dem Andersdenkenden, fürchtet nicht sein Anderssein.

Achten Sie einmal auf Menschen, die Sie beispielsweise belehren wollen, dass Ihr Verhalten oder Ihr Denken unmoralisch seien: In der Regel sind diese Menschen angespannt aggressiv, innerlich kampfbereit, versteckt wütend. Sie wollen Ihnen Angst machen, dass Sie nicht auf dem rechten Weg sind und deshalb Ihr Heil nicht finden können. Diese Menschen wollen nicht Ihren Frieden, sondern Ihre reumütige Umkehr voller Scham. Sie halten sich selbst für eine moralische Instanz, die tatsächlich über Ihnen steht und das Recht hat, Ihnen dort unten zu sagen, wo es hinaufgeht. Das Ganze ist ein Kampf: von Liebe keine Spur!

Die Tatsache, dass dem Menschen die Liebe zu etwas verloren geht, wenn er sich vor den Folgen fürchtet, ist an unzähligen Alltagsbeispielen für jedermann leicht nachvollziehbar. Um wie viel größer aber ist der Einsatz, die Leidenschaft, das Engagement von uns Menschen, wenn wir wissen, dass im Erfolgsfall Lob und Lohn auf uns warten, im Misserfolgsfall aber uns die Gewissheit bleibt, alles Mögliche getan zu haben, unser Bestes gegeben zu haben? Jedes Eisen, das wir aus dem Feuer der Liebe heraus anpacken, kann noch so glühend sein, wir scheuen keinen Schmerz und keine Mühen. Allein die Liebe beflügelt uns zu übermenschlichen Taten, schenkt uns Kraft aus schier unerschöpflichen Quellen und schaltet jedes Abwägen des einzugehenden Risikos aus. »Liebe«, so sage ich oft zu meinen Klienten in der Praxis, »ist nun mal die unvernünftigste Sache der Welt. Wir setzen alles auf eine Karte und schließen vollkommen aus, verlieren zu können, weil der Einsatz der Liebe schon ein großartiger Gewinn an sich ist!« Aber genau diese Haltung braucht der Mensch, um angstfrei und furchtlos sein Leben anzugehen. Er fürchtet nicht, er liebt! Wenn er aber all die möglichen »Strafen« des Lebens durchdenken würde, bevor er sich auf eine Liebe, etwa der zu einem Menschen, einließe, dann käme er ganz sicher zu dem Entschluss, dass das Risiko zu groß, der Aufwand zu gewaltig, der Gefühlsverschleiß zu immens, die Enttäuschungswahrscheinlichkeit zu offensichtlich, der finanzielle Einsatz zu unwirtschaftlich, die juristischen Folgen zu lästig, die gesellschaftliche Kritik zu verletzend wäre ... Wer den Sinn der Liebe berechnen möchte, endet immer bei einem klaren Ergebnis: Finger weg! Die Sache ist zu heiß. Dann bleibt nur der Weg in die sogenannte vernünftige Alternative, nämlich ein Leben in Sicherheit und Absicherung, kalkulierbar und berechenbar, allerdings garantiert liebeskeimfrei, damit vollkommen steril und somit tot.

Und welchen Aufwand müssen diese unglücklichen Menschen nun betreiben, um einen Ersatz zu erschaffen, der sie irgendwie an die Liebe erinnert, die sie zweifelsfrei einst in ganz jungen Jahren – ungeboren oder gerade geboren – und sei es nur für einen Augenblick in der Person der Mutter gespürt haben: Anhäufen von Geld und Gütern, Angeben mit Prunk und Pracht, Auffallen durch Maßlosigkeit und Müßiggang, Abstürzen in Sucht und Society ... Aber auch der sogenannte kleine Mann hat seine künstlichen Freizeitparks erschlossen, die verhindern, dass er sich der lebensgefährlichen

Liebes-Realität ausliefern muss: Er flieht in die virtuellen Gefühle der Fernsehserien, erregt sich bei Cyber-Sex und Chatroom-Flirts, verausgabt sich in Kleinkriegen von Parteien, Fußballvereinen und Schrebergartenparzellen, verändert die Welt beim täglichen Feierabendstammtisch oder der tratschenden Kaffeetafel und tut dabei nichts, was sein Leben tatsächlich reicher machen würde. Im besten Fall bekommt er dafür von einer Gesellschaft der ängstlichen Vermeider noch irgendeine Bürgermedaille für seinen Einsatz im Ehrenamt umgehängt, obwohl er konsequent die Liebe umgangen und das Risiko gemieden hat: lieber spießig und kleinlich ausgrenzend gegen andere als grenzenlos und großherzig öffnend für alle. Welche Alternativen!

Erschrecken Sie nicht über so viel Sarkasmus, aber er tut not, die Angstgesellschaft zu demaskieren, wollen wir gemeinsam das große Geheimnis des Meisters erfahren und anwenden!

Warum Angst arm macht ...

Je mehr Angst und Ängstlichkeit die Persönlichkeit eines Menschen bestimmen, desto mehr Wege (er-)findet er, um sich abzusichern, zu schützen, zu verbarrikadieren: Für den einen sind es die schon erwähnten Phobien, die ihn davor »schützen«, mit bestimmten Dingen, Lebewesen, Situationen, Gefühlen in Kontakt zu kommen. Das Unterbewusstsein des Menschen »bewahrt« ihn somit vor Wachstum, indem es die traumatische Erfahrung zum Anlass nimmt, dort eine neurotische Phobie entstehen zu lassen, wo sonst Mut erlebt werden würde. Für das Leben des Vermeiders ist das allerdings durchaus von

»Nutzen«: Haben Sie zum Beispiel erst einmal eine ausgeprägte Agoraphobie (die Angst vor Menschenansammlungen), dann brauchen Sie auch nicht mehr selbst zum Einkaufen gehen, weil Sie beim Metzger und im Supermarkt in der Regel auf mehr als nur einen Besucher treffen werden. Ich will und werde auf sämtliche Arten und Unterarten der Phobien nicht eingehen, weil dafür ein Buch gar nicht reichen würde. Es gibt nämlich wirklich nichts, wovor der Mensch keine Phobie entwickeln könnte. Da aber alle Phobien wirklich in sich unsinnig sind, kann ich es bei dem Pauschalurteil belassen, dass eine Phobie eine für den Betroffenen lebenseinschränkende Angst darstellt, die ihm die Fülle des Lebens zwar nicht ermöglicht, ihn aber durchaus dazu befähigt, anderen wegen seiner Phobie ein schlechtes Gewissen zu machen (»Wie konntest du die Katze ins Haus lassen, wo du doch weißt, dass ich eine Katzenphobie habe?«).

Phobien machen also fraglos »arm«, aber viel schlimmer und viel bedeutender für die Entwicklung unserer Gesellschaft sind jene Ängste, die zu Verhaltensweisen führen, die großes Unrecht und damit Konfliktpotenzial schaffen: Ich meine die zwei großen »Gs« der kapitalistischen Gesellschaft: Geiz und Gier. Ja, Sie lesen schon richtig: Geiz und Gier sind keine angewandten Todsünden, sondern Folgen von Ängsten, nämlich ursprünglich von der Angst vor Armut und der Angst vor dem Verhungern. Ich habe in all den Jahren meiner Arbeit mit sehr reichen Menschen immer wieder kopfschüttelnd erleben müssen, wie fordernd sie auch gegenüber Fremden werden, haben sie selbst Probleme, wie geizig sie aber sind – emotional und materiell –, geht es einem anderen Menschen schlecht, dem sie helfen könnten. Sie alle schreiben die Geschichte vom »armen reichen Mann«:

Robert ist um die fünfzig, sehr reich und im selbst gewählten Ruhestand. Er hat durch geschickte Transaktionen ein paar Mal seine Firma nebst Kundenbestand verkauft, sich aber jeweils durch juristische Grauzonen die Möglichkeit geschaffen, durch die Hintertür alle ehemaligen Kunden wieder für sich und seine über Strohmänner neu gegründeten Firmen zu gewinnen. Die Käufer, die jedes Mal viele Millionen bezahlt hatten, fanden so wenige Monate nach ihrer Übernahme eine kraftlose Firmenhülle vor, wo früher tagtäglich gigantische Umsätze erzielt wurden. Robert, der eigentlich aus einer einfachen Arbeiterfamilie stammt, hatte dort als Prinzip gelernt, dass Ehrlichkeit am längsten währt, erfuhr aber auch, dass dies bei seiner Herkunftsfamilie zu sehr bescheidenen und eher ärmlichen Verhältnissen geführt hatte. So wollte er später einmal nicht enden, weshalb er beschloss, möglichst schnell derart reich zu werden, dass er nie mehr arm werden könne. Also verließ er den Weg der Ehrlichkeit, konstruierte ein undurchsichtiges internationales Geflecht von Firmen und Unterfirmen und verschleierte so seine Kundennetzwerke und Beziehungen. Immer, wenn er sich vertraglich verpflichtete, den Handelspartner nicht zu umgehen (was diesen um seine verdiente Provision gebracht hätte), machte das eigentliche Geschäft eines seiner im Ausland angesiedelten, nicht auf seinen Namen firmierenden Subunternehmen. Er brachte damit den Partner um seinen Verdienst, rechtfertigte dies aber damit, dass im Gegensatz zum vermeintlichen Partner er allein von derartigen Geschäften Ahnung habe. Dass er auf solche Weise viel mehr Geld verdiente, als ihm eigentlich zustand, übersah er großzügig.

Roberts Streben nach Reichtum – nennen wir es ruhig seine Gier – wuchs immer weiter ins Unersättliche. Bald schon war sein einziger Lebensinhalt das Sichern und Vermehren von Geld und materiellen Gütern – um jeden Preis. Er erwarb Wohnungen, in denen er nicht wohnte, Häuser, die ihm nie ein Zuhause wurden, sammelte sündhaft teure Uhren, die er nie trug. Aber nichts schien ihm richtig Freude zu machen, außer dem täglichen Blick auf seinen Kontostand. Seine Angst vor Armut hatte längst dazu geführt, dass seine eigene Familie eine einzige Bastion des Misstrauens und des Neids geworden war: Gierige Angehörige stritten sich um das Erbe eines Quicklebendigen, die Kinder hassten einander und versuchten sich gegenseitig massiv zu schaden, verprassten verschwenderisch Millionen und suchten wie im Fieberwahn ihren Platz auf dem aalglatten Parkett der Schönen und Reichen. Jeder kämpfte in Roberts skrupel- und liebloser Familie gegen jeden, und er – ohne es zu merken – kämpfte gegen sich selbst.

Mehr und mehr tauchten nun bei Robert seltsame körperliche Symptome auf, die seine Ärzte vor Rätsel stellten: Ihm wurde immer wieder plötzlich schwindlig, er begann schlagartig am ganzen Körper zu zittern, kalter Schweiß rann ihm von der Stirn, sein Herz begann zu rasen. Seltsame Dinge jagten ihm durch den Kopf, alte Schulgedichte genauso wie Kindergeschichten und sogar fratzenhafte Bilder von Dämonen. Schließlich war an Schlaf in der Nacht ohne Tabletten nicht mehr zu denken. Die besten und prominentesten Ärzte wurden konsultiert, aber alle Diagnostik ergab das Bild eines körperlich gesunden Mannes. Da es ihm wirtschaftlich bestens ging, konnte sich kein Arzt einen Reim aus dieser Mixtur von körperlichen Symptomen und psychotisch angehauchter Verwirrung machen.

Dem Zusammenbruch nahe kam Robert zu mir und erzählte mir die Geschichte vom »armen reichen Mann«. Die Symptome waren eindeutig die einer Angsterkrankung, begleitet von immer wieder scheinbar grundlos auftretenden Panikattacken. Keine Frage: Dieser Mann hatte in seinem Innersten schreckliche Angst! Nur wovor? In der therapeutischen Arbeit wurde es offensichtlich: Robert hatte aus Angst die Liebe geopfert und stattdessen den Besitz gewählt. Seine jugendliche Angst vor Armut aber wuchs im Laufe seines Unternehmerlebens proportional zum Besitz. Je mehr Geld und Gut er also hinzugewann, desto ängstlicher wurde er, es wieder verlieren zu können. Und genau diese Angst zeigte sich in den Symptomen. Nach Wochen der intensiven Therapiearbeit erkannte Robert seinen wunden Punkt und ich hatte berechtigte Hoffnung, dass aus einem armen reichen Mann ein großzügiger Menschenfreund werden könnte. Robert fühlte sich zunehmend besser und dachte über innere Zusammenhänge des Lebens nach, die ihn vorher nie interessiert hatten.

Dann aber kam eine unscheinbare Bewährungsprobe: Ein Bekannter in akuter Notlage, der Robert in dessen »kranker« Zeit besonders beigestanden hatte, bat ihn um Hilfe. Robert hatte die Wahl: Herz zeigen und der Liebe wieder Einlass in sein neu gewonnenes Leben gewähren oder die kalte Schulter zeigen und der Angst und ihren schlimmen Folgen erneut Tür und Tor öffnen! Wie die Geschichte ausging? Sie ahnen es: Die Angst, etwas zu verlieren, war stärker und ließ der Liebe keine Chance. Robert verweigerte sich dem Geheimnis des Meisters und unterließ die Hilfe gegenüber jenem Menschen. Er ging nicht mehr ans Telefon, verhielt sich wie ein ertapptes Kind, das sich die Hände vors Gesicht hält, um nicht gesehen zu werden. Er gab nichts her, konnte sich nicht von etwas trennen, das einem anderen geholfen und ihm das gute Gefühl der Barmherzigkeit vermittelt hätte.

Heute geht Robert wieder zu vielen Therapeuten, nur zu keinem, der ihm das Fenster zu seiner Seele weit aufmachen kann. Diesen Blick könnte Robert nicht ertragen. Seine Symptome kehren mittlerweile alle in schöner Regelmäßigkeit und Intensität zurück, seine Familie zerfleischt sich gegenseitig mehr und mehr und Roberts Leben ist ein sinnloses, nutzloses und freudloses. So hat seine Angst vor Armut ihm zwar Geld und Besitz gebracht, aber dafür hat er alles verloren, was das Leben groß macht: Wärme, Geborgenheit, Liebe, Menschlichkeit, Barmherzigkeit. Er ist zu einem Menschen geworden, der von allen alles fordert, anderen aber ohne eigenen materiellen Gewinn nichts zu geben bereit ist. Sein Leben ist eine einzige Trutzburg aus Geld und Besitz, hinter deren kalten Mauern keine Liebe existiert, aber auch kein Platz für ein großzügiges Herz mehr ist. An dieser Angst wird er eines Tages sterben, weil sie ihm das Herz bricht, das mit jedem Tag gelebter Angst kälter und spröder wird. Und im Moment des Todes wird er eine reale panische Angst verspüren: »umsonst« gelebt zu haben! Aber es wird zu spät sein.

Der Meister muss eine ähnliche Begegnung mit einem armen reichen Mann gehabt haben. Als ihn nämlich einer fragte, was er tun müsse, um das ewige Leben zu gewinnen, fordert er ihn auf, alles zu verkaufen, was er besitzt, und den Erlös an die Armen zu verteilen. »Dann wirst du einen bleibenden Schatz im Himmel haben« (Lukas 18,22), sagt er zu dem Mann. Und genau nach diesen Worten des Meisters spitzt sich die Situation dramatisch zu:

Der Mann aber wurde sehr traurig, als er das hörte; denn er war überaus reich. Jesus sah ihn an und sagte: Wie schwer ist es für Menschen, die viel besitzen, in das Reich Gottes zu kommen. Denn eher geht ein Kamel durch ein Nadelöhr, als dass ein Reicher in das Reich Gottes gelangt.

Lukas 18,23–25

Was sagt der Meister da wirklich? Nichts anderes, als dass vor allem die zersetzende Angst vor dem Verlust erworbenen Besitzes den Menschen um das wunderbare Geschenk der Liebe bringt. Er sagt, dass die Angst vor Armut und das damit einhergehende Anhäufen von Reichtümern aus einem fröhlichen und freien Menschen einen traurigen Reichen macht, der zwar materiell alles besitzt, aber eben immateriell in totaler Armut lebt. Die Angst führt zu einem Sicherheitsdenken und bringt so vermeintliche Sicherheiten (Besitz) ins zeitlich bemessene Leben. Zugleich aber nimmt sie dem Menschen die Freude, nimmt ihm die Freiheit, nimmt ihm die Erfahrung der Liebe, nimmt ihm das wirkliche (ewige) Leben. Die Angst macht den Menschen krank, macht aus seinem Heil einen kranken Zustand. Das »Reich Gottes« ist für den Meister also nichts anderes als das »Reich der Liebe«. Und wo die Liebe regiert, ist Lachen und Freude. Das »Reich der Menschen« aber ist das »Reich der Angst«. Und dort herrschen Heulen und Zähneknirschen – beides im Übrigen auch in der Praxisarbeit eindeutig Symptome der Angst ...!

Eine Welt, in der aber nur noch Haben und nicht Sein zählt, ist eine auf der Angst gebaute Welt, ist eine kranke Welt, ist eine freudlose, lieblose, nutzlose, sinnlose Welt. Aber genau in dieser Welt leben wir – mittendrin! Was zählt? Börsenwerte, nicht innere Werte. Guthaben, nicht Gutsein. Nehmen, nicht geben. Anhäufen, nicht teilen. Aus Angst raffen die Menschen zusammen, machen aus Geld noch mehr Geld, ohne dabei auch nur im Entferntesten daran zu denken, dass viele immer weniger haben werden, wenn wenige immer mehr haben. So entsteht eine todkranke, raffgierige Angstgesellschaft, die sich hinter dummen Ideologien versteckt und sich einen scheinheiligen Anstrich wie etwa eines freien oder gar globalen Marktes gibt. Solange die einen Angst um ihre Existenz haben müssen, weil die anderen aus Angst um ihr Geld skrupellos nehmen, bleibt unsere Gesellschaft die des Heulens und Zähneknirschens. Und wehe, es kommt dann einer und faselt etwa von Liebe: ans Kreuz mit ihm!

Es gibt demnach für eine gesunde Entwicklung des Menschen keine größere Bedrohung als die in ihm wachsende Angst bei gleichzeitig schwindendem Glauben, was immer heißt: Glauben an sich selbst, also Selbstvertrauen!

Aber wie entsteht in uns dieses lebensraubende Gift? Wie schleicht es sich in unser Leben? Wann und warum lassen wir die Angst von uns Besitz ergreifen und riskieren damit unser Lebensglück, indem wir chronisch krank vor Angst werden? Es beginnt alles so harmlos ...

Warum Angst krank macht ...

Mit der Geburt kommen Sie angstfrei auf die Welt, weil Sie
gar nicht wissen, wovor Sie Angst haben sollten: Selbst wenn
Ihr Geburtsvorgang unangenehm, gefährlich oder sogar lebensgefährlich ist, verhalten Sie sich ziemlich genau so wie
eine Katze, die in dem Moment, in dem sie merkt, dass ihr
Leben verlischt, das Weite sucht, um ungestört und irgendwo versteckt in Ruhe sterben zu können. Das heißt, Sie nehmen diesen Geburtsvorgang so hin wie die Katze den Tod:
angstfrei. Alle Behauptungen, dass Sie als noch im Mutter-
leib befindlicher Fötus Angst erleben würden, die sich in der
Geburt in eine Panik vor dem möglichen Nichtüberleben
steigern könnte, sind fixe Ideen von Angstkennern, also von
Erwachsenen.

Die Messung eines höheren Herzschlags im kleinen Körper des Säuglings hat nichts mit Angst, sondern mit Anstrengung oder biochemisch notwendigen Vorgängen zu tun.
Denn anstrengend ist es allemal, auf diese Welt zu kommen.
Aber die Angst vor etwas Konkretem hat ausschließlich etwas mit Erfahrungen zu tun – unabhängig davon, ob diese
durch reales Erleben oder irreale Einbildung gemacht werden. Dies lässt sich zum Beispiel beeindruckend in der Behandlung von nahezu allen Ihnen mittlerweile mehrfach vor-
gestellten Phobien nachweisen. Suggeriert beispielsweise
ein Hypnotherapeut einer Frau mit Spinnenphobie – also der
überzogen-neurotischen Angst vor Spinnentieren –, dass
Spinnen ein besonders weiches Fell hätten und ausgespro-
chen verschmuste Tiere seien, kann sich die so Behandelte
an der ihr anschließend auf die Hand gesetzte Vogelspinne
gar nicht sattsehen: Immer will sie das »süße Tierchen« streicheln und gäbe am liebsten jener furchterregenden Kreatur

einen Kuss auf den behaarten Rücken. Noch wenige Minuten vorher hätte diese Situation einen lebensgefährlichen kataleptischen Schock verursacht. Abgesehen von der Fragwürdigkeit solcher Suggestionen macht dieses Beispiel jedenfalls deutlich, dass Ängste vor etwas Bedrohlichem tatsächlich ausschließlich auf gemachten und gelernten Erfahrungswerten und damit wieder auf Prägungen beruhen.

Das hat aber durchaus auch sein Gutes: Wenn Sie nämlich aus gemachten oder erlernten Erfahrungen nicht in der Lage wären, gewisse Vorsichtsmaßnahmen in Ihr Leben einzubauen, wäre Ihre Lebenserwartung minimal. Zu lernen, dass es todsicherer Unsinn ist, sich von einem Berggipfel in die »weichen Wolkenkissen« um Sie herum zu stürzen, ist fraglos lebenserhaltend. Auf hohem und abschüssigem Gelände – sei es dem Balkon des vierten Stocks oder dem zu reparierenden Dach – sorgsam jeden Schritt vor den nächsten zu setzen, die Augen aufzuhalten und hellwach zu sein, ist also durchaus eine vernünftige Variante der Angst, die man aber besser als Sorgfalt oder als gesunde Achtsamkeit bezeichnen sollte. Der erfahrene Bergsteiger hat demzufolge auf schwierigem Grad keine Angst, sondern erhöhte Aufmerksamkeit. Der Dachdecker zittert nicht vor lauter Furcht bei der Arbeit, sondern konzentriert sich um ein Vielfaches mehr auf seine Bewegungen und Schritte. Krankhaft wird dies alles erst, wenn Sie jegliche Höhe als lebensgefährlich ansehen und deshalb unter allen Umständen zu meiden beginnen: Dann gehen Sie nicht mehr auf Ihren Balkon, genießen nicht mehr den Ausblick von einem Berggipfel oder dem Kirchturm, sondern erzeugen Übelkeiten oder andere Beschwerden, um das nicht tun zu müssen, was Ihnen sonst panische Ängste bereiten würde.

Um Achtsamkeit und Vorsicht geht es also ganz sicher nicht, wenn wir von jener lebensvernichtenden Angst sprechen, sondern immer um die pathologische, also kranke Form der Angst. Diese krank machende Angst kann unfassbare Ausmaße erreichen, sodass ein normales Leben, geschweige denn ein glückliches, völlig undenkbar ist.

Eine der bedrückendsten Angstbiografien erlebte ich bei Carmen, einer knapp vierzigjährigen Lehrerin, die noch dazu eine ausgebildete Märchenerzählerin ist. Als sie zum ersten Mal in meine Praxis kam, ging es eigentlich nur um ein Beziehungsthema: Carmen, deren Vater vor vielen Jahren durch einen Unfall plötzlich ums Leben gekommen war, hatte seither eine latente Angst sich zu binden. Sie war sich nicht sicher, ob ihr Freund Johannes der Mann fürs Leben sein könnte. Dabei kam ihr die leichte Neigung zur Alkoholsucht ihres Freundes sehr entgegen, da dies für sie der ideale Grund war, sich nicht ganz auf ihn einlassen zu können. Wir machten eine wechselweise Therapie mit ihr, um die Bindungsangst zu überwinden, und eine mit ihm, um seinem Hang zum Alkohol gegenüber verantwortungsbewusster zu werden. Beides ging vollkommen glatt und nach wenigen Wochen waren beide nicht mehr in Behandlung.

Es vergingen Jahre, ehe ich einen völlig verzweifelten Anruf von Carmen bekam: Sie glaube, sie sei verrückt geworden und wolle nicht mehr leben. Nach einigen beruhigenden Worten war sie bereit, zu mir zu kommen, um die offensichtlich ausweglose Situation zu schildern und Lösungen zu finden. Was in dieser Sitzung ans Licht kam, war schier unglaublich: Carmen erzählte mir, dass sie ein Buch eines Geistheilers gelesen habe, der darin vor allem behauptet, dass ungesunde Beziehungen krank machen, und der deshalb die Leser auffordert, solche Beziehungen rigoros und ohne Rücksicht auf den anderen abzubrechen. Diese Behauptungen hatten bei Carmen schlagartig Angst, ja sogar Panik hervorgerufen, nämlich dass sie in ihrer Beziehung zu ihrem Freund Johannes sich und ihn krank machen würde. Sie hatte die entscheidenden Aussagen in diesem »Lebenshilfebuch« immer und immer wieder gelesen. Konnte es wirklich sein, dass ein Mensch in einer Beziehung der »krank machende« Teil einer schicksalhaft ungesunden Partnerschaft ist? Konnte es wirklich sein, dass sie Krebs bekommen würde, wenn sie mit ihrem Freund zusammenbliebe? Durch die »Forderung« des Autors veränderte sich die Beziehung zu ihrem Freund schlagartig vom Segen in einen Fluch und sie sah in der Fortsetzung dieser Partnerschaft ihren definitiven Tod. Ihre Angst, sich zu trennen, wuchs aber im gleichen Maß wie die, bei Johannes zu bleiben. Eine in ihrer Autorität verantwortungslos agierende Schulpsychologin sprach dann die alles entscheidenden Sätze zu Carmen: »Dieser Johannes bringt Sie noch um! Sehen Sie nicht, dass dieser Mensch Sie krank macht? Wenn Sie sich nicht umgehend von ihm trennen, gehen Sie drauf!«

Zwei Äußerungen – seitens Buch und Psychologin – wurden als unumstößliche Wahrheiten akzeptiert, deren Schwarzmalereien als Urteile angesehen und deren Konsequenzen als unvermeidbares Schicksal geglaubt. Die Folge: Carmen verfiel in immer panischeres, permanentes ängstliches Grübeln, ihre Gedanken begannen zu rasen und ihr Verstand spielte verrückt. In ihr liefen dramatische Kämpfe ab, da die Angstseite ihrer Persönlichkeit ihr im Sekundentakt Drohungen zuschrie: mal dass sie schuld daran sei, dass sie selbst, ihr Freund oder andere Verwandte Krebs bekommen würden, mal dass sie schizophren werden würde, da sie sich nicht trennen wolle. Das Geflecht von Panik und Entsetzen wurde immer dichter. Carmen konnte nicht mehr schlafen, bekam Halluzinationen, versuchte sogar den Geistheiler zu kontaktieren, bekam aber keinerlei Antwort. Aufenthalte in der Psychiatrie, quälende Schulpsychotherapie und wechselnd verabreichte schwerste Psychopharmaka brachten keinerlei Abhilfe, sondern nur tiefere Depressivität und massives Übergewicht. Fazit: Man gab Carmen schulmedizinisch als unheilbar auf: Sie sei definitiv ein Fall für die »geschlossene Psychiatrie«, der oftmaligen Endstation dauerhaft unter Sicherheitsverwahrung lebender psychisch Kranker. Die Angst hatte in wenigen Monaten aus einer fröhlichen, intelligenten und liebenswerten Frau ein unansehnliches, zitterndes, selbstmordgefährdetes Wrack gemacht.

In der Therapie besann ich mich auf Carmens Talent, Kindern Märchen zu erzählen und ging deshalb den Weg zum Geheimnis des Meisters wieder einmal über ein Märchen. Ich sagte ihr, sie wisse ja, dass Märchen von Erwachsenen für Erwachsene geschrieben worden seien, um schwierige innere Probleme leichter lösen zu können. Am Beispiel des »Dornröschens« ließ ich sie erleben, dass es ursprünglich der Fehler des Vaters von Dornröschen war, die dreizehnte Fee nicht zur Taufe des Kindes einzuladen, nur weil man für sie kein Geschirr mehr aufgetrieben hatte. Die Unüberlegtheit des Vaters führte demnach dazu, dass die ausgeladene Fee im Zorn über das Baby einen Todesfluch aussprach, den glücklicherweise eine der anwesenden Feen in einen Schlaf-fluch umwandeln konnte. Dieser Fluch besagte, dass sich das Mädchen am fünfzehnten Geburtstag in den Finger stechen und dann in einen tiefen Schlaf fallen sollte, aus dem es aber hundert Jahre später durch den Kuss eines Königssohns – dem Symbol inniger und lei-denschaftlicher Liebe – geweckt wurde. Der Kuss – das ist so wichtig! – hebt also den Fluch auf. Dornröschen heiratet ihren Prinzen und wird mit ihm glücklich. Für Carmen kam jetzt das Wichtigste: Entscheidend an die-sem wie an allen Märchen, in denen Flüche eine Rolle spielen, ist, dass es zuerst den Fluch braucht, um zur Er-fahrung wahrer Liebe zu gelangen. Kommt diese Liebe ins Leben, hebt sie jeden Fluch auf und triumphiert über Tod, Angst und Leid. Mir lag besonders daran, dass Car-men anhand des Märchens erkennen konnte, dass nicht der Fluch das Problem ist, sondern erst dann zum Prob-lem wird, wenn man sich der Liebe verschließt. Der Fluch wird also zum notwendigen Teil des Lebens, um die Liebe zu erfahren, durch die der Fluch dann endgül-tig aufgehoben wird.

Was vorher nur ein altbekanntes Märchen war, wur-de in der Arbeit mit dem Geheimnis des Meisters in Mär-chengestalt für Carmen zu folgender Wahrheit:

Der tödliche Unfall ihres Vaters (die »Unaufmerk-samkeit« des Königs) hatte die Grundangst vor schick-salhaften Katastrophen in ihr ausgelöst, eine Art bange Erwartung negativer Erlebnisse (alle haben Angst, dass sich Dornröschen einst stechen könnte). Daraus resul-tierte eine latente Angst vor emotionaler Bindung an geliebte Menschen. Die Aussage eines Buches und die Forderung einer Schulpsychologin belegten sie dann endgültig mit einem »Fluch« (»Du wirst sterben, wenn ...!«): Durch ihre Beziehung zu bestimmten Menschen käme Unheil über sie selbst und geliebte Personen in ihrer Umgebung. Sie alle würden krank werden und sterben, wenn sie nicht diese unheilvollen Verbindungen lösen würde. Erst die lange und bittere Leidenszeit, die ihr wie ein böser Traum vorkommt (hundertjähriger Schlaf), ermöglicht ihr aber, ihre Angst in Mut zu wandeln und sich ins totale Risiko der Liebe zu begeben (Kuss). Dadurch erst kann sie sich ganz zur Liebe zu Johannes (Prinz) bekennen. Diese Entscheidung zur Liebe hebt nun den angstmachenden Fluch und damit die psychotische Verwirrung immer mehr auf und an dessen Stelle tritt mehr und mehr spürbares Glück.

Mit diesem Tag begann bei Carmen die langsame, aber kontinuierliche Veränderung, da sie in der Hingabe an die Liebe, nicht aber im Aufgeben in der Angst die zentrale Mitte ihres Lebens sah. Kürzlich winkte sie mir lachend aus einem Café zu, wo sie mit Freundinnen scherzte. Der Meister hat den Fluch in Gestalt des Dornröschenschlafs besiegt ...

Sie könnten irritiert sein und fragen: Was hat das Dornröschen der Gebrüder Grimm mit dem Meister zu tun? Die Kraft allegorischer Texte, wie sie auch der Meister in seinen Gleichnis- und Beispielerzählungen verwendet, zeigt sich in der unbewussten Veränderung des Menschen, die in seinem Innersten vor sich geht: Die Figuren und Umstände in den Geschichten werden für das Unterbewusstsein zu Wahrheiten, man erkennt von innen heraus – also unbewusst – einen Weg, der wie in der erzählten Geschichte zur erkennbaren Lösung, tatsächlich realisierbar und umsetzbar wird.

Jetzt kommt Mut auf, wo vorher nur Angst und Furcht regierten. Der so behutsam ins Innere geführte Mensch erkennt anhand der erzählten Figuren einen Ausweg, ja er sieht womöglich sogar die gegenwärtige negative Situation als Chance, die in seinem Leben so sehr ersehnte Liebe endlich zu finden. Wer es dann wagt, den Fluch der Angst zu erkennen, kann ihn durch das Einlassen der bedingungslosen Liebe in sein Leben aufheben und dem Lebensglück ohne Angst das Tor weit aufstoßen. Wer den Fluch aber als tödliches Gift anerkennt, bleibt schlafend in der Angst und lebt damit nicht wirklich.

Warum Angst feige macht ...

Um den Menschen diese Gefahr der Angst zu verdeutlichen, hat der Meister verschiedene Gleichnisse erzählt. Eines davon ist das vom »anvertrauten Geld«, das vielleicht zu den schwierigsten Meisterworten zählt. Und doch ist es genau das, das die »Früchte der Angst«, der Mutlosigkeit und mangelnden Risikobereitschaft, Ja zu sagen, radikal wie kein zweites offenlegt:

Es ist wie mit einem Mann, der auf Reisen ging: Er rief seine Diener und vertraute ihnen sein Vermögen an. Dem einen gab er fünf Talente Silbergeld, einem anderen zwei, wieder einem anderen eines, jedem nach seinen Fähigkeiten. Dann reiste er ab.

Sofort begann der Diener, der fünf Talente erhalten hatte, mit ihnen zu wirtschaften, und er gewann noch fünf dazu. Ebenso gewann der, der zwei erhalten hatte, noch zwei dazu. Der aber, der das eine Talent erhalten hatte, ging und grub ein Loch in die Erde und versteckte das Geld seines Herrn.

Nach langer Zeit kehrte der Herr zurück, um von den Dienern Rechenschaft zu verlangen. Da kam der, der die fünf Talente erhalten hatte, brachte fünf weitere und sagte: Herr, fünf Talente hast du mir gegeben; sieh her, ich habe noch fünf dazugewonnen. Sein Herr sagte zu ihm: Sehr gut, du bist ein tüchtiger und treuer Diener. Du bist im Kleinen ein treuer Verwalter gewesen, ich will dir eine große Aufgabe übertragen. Komm, nimm teil an der Freude deines Herrn!

Dann kam der Diener, der zwei Talente erhalten hatte, und sagte: Herr, du hast mir zwei Talente gegeben; sieh her, ich habe noch zwei dazugewonnen. Sein Herr sagte zu ihm: Sehr gut, du bist ein tüchtiger und treuer Diener. Du bist im Kleinen ein treuer Verwalter gewesen, ich will dir eine große Aufgabe übertragen. Komm, nimm teil an der Freude deines Herrn!

Zuletzt kam auch der Diener, der das eine Talent erhalten hatte, und sagte: Herr, ich wusste, dass du ein strenger Mann bist; du erntest, wo du nicht gesät hast, und sammelst, wo du nicht ausgestreut hast; weil ich Angst hatte, habe ich dein Geld in der Erde versteckt. Hier hast du es wieder. Sein Herr antwortete ihm: Du bist ein schlechter und fauler Diener! Du hast doch gewusst, dass ich ernte, wo ich nicht gesät habe, und sammle, wo ich nicht ausgestreut habe. Hättest du mein Geld wenigstens auf die Bank gebracht, dann hätte ich es bei meiner Rückkehr mit Zinsen zurückerhalten. Darum nehmt ihm das Talent weg und gebt es dem, der die zehn Talente hat! Denn wer hat, dem wird gegeben, und er wird im Überfluss haben. Wer aber nicht hat, dem wird auch noch weggenommen, was er hat. Werft den nichtsnutzigen Diener hinaus in die äußerste Finsternis! Dort wird er heulen und mit den Zähnen knirschen.

Matthäus 25,14–30

Warum ist das die Erzählung, an der wir am besten erkennen können, was der Meister an der Angst so zerstörerisch findet? Der Schlüssel liegt in der Begründung des dritten Dieners, der sein Nichtstun damit rechtfertigt, dass er aus Angst vor der Strenge des Herrn nicht gewagt habe, mit dem anvertrauten Geld zu arbeiten. Er wirft seinem Arbeitgeber indirekt vor, dass dieser zu Unrecht so wohlhabend geworden sei, woraus er für sich ableite, dass es besser sei, das Geld zu vergraben als damit etwas zu riskieren, oder: Weil du böse bist, habe ich Angst vor dir und wage deshalb nicht, mein Leben anzupacken.

Genau darum geht es: Der in der Angst gefangene Mensch sucht unbewusst oder bewusst die Begründung für seine »Lähmung«, sein Erstarren, sein Stehenbleiben im Äußeren. Er sucht und er findet immer die Ursache für alles Scheitern woanders als bei sich selbst. Er verweigert sich dem Fortschritt, der Entwicklung seines Lebens, macht dafür aber äußere Umstände und andere Menschen verantwortlich. So wie der Diener, dem nicht im Traum einfällt, dass sein Nichtstun das Problem ist, gibt der in der Angst und Furcht erstarrte Mensch »Gott und der Welt« die Schuld an seinem Leid, seinem Unglück, seinen Umständen, seiner Partnerschaft, seinen finanziellen Verhältnissen, seinem Leben. Er jammert und ängstigt sich in eine Bewegungslosigkeit hinein, die ihn untätig und »faul« werden lässt: lebensfaul. Und jetzt kommt wieder die so beliebte Projektion ins Spiel: Obwohl von Angst erfüllt, wirkt der Diener irgendwie unverschämt, weil er sich auch noch anmaßt, denjenigen anzuklagen, der ihm eine Chance gibt, dafür aber aktives Handeln erwartet. Frei nach dem Motto: Das ist doch dein Problem, wenn du mich in so eine miese Welt hineinstellst! Anderen hast du es ja schließlich auch besser eingerichtet. Wenn das alles ist, was du mir bietest, was erwartest du dann von mir? Sieh endlich ein, dass du an meiner Situation schuld bist und deshalb von mir gar nichts zu verlangen hast!

Diese Haltung ist weit verbreitet und kaum einer käme auf die Idee, dass sich dahinter eine tief sitzende Angst versteckt, die zu einer einzigen Kette von Leid führt: Der Mensch, der nichts wagt, gewinnt nichts, sondern zementiert die negativen Zustände seines Lebens. Der Mensch, der sein Leben nicht riskiert, verliert es tatsächlich, indem er an Lebensqualität, an Freiheit, an Glück einbüßt und offen oder versteckt depressiv wird! Der Meister formuliert: »Wer das Leben gewinnen will, wird es verlieren!« (Matthäus 10,39) Das bedeutet aber nichts anderes, als dass der verliert, der aus Angst vor Verantwortung nicht handelt, weil er Angst vor dem Scheitern, vor dem Gerede der Leute, vor Ansehensverlust hat. Deshalb überlässt er aus Feigheit die Verantwortung für sein Leben der äußeren Welt und – wieder schlägt die Projektion zu – schürt im Inneren eine tiefe Abneigung gegen alle und jeden, die über ihn und für ihn entscheiden, denen er damit aber aus seiner Sicht ausgeliefert ist und von denen er sich deshalb abhängig fühlt.

Warum Angst verantwortungslos macht ...

»Hättest du mein Geld wenigstens auf die Bank getragen, dann hätte ich es bei meiner Rückkehr mit Zinsen zurückerhalten.« – Die Antwort des Gutsherrn zum »faulen« Diener ist noch deutlicher: Wenn du schon zu feige bist, Verantwortung für dein Leben zu übernehmen, dann hättest du dich ja wenigstens mit anderen zusammentun können, um in einer Gemeinschaft stark und verantwortungsbewusst zu leben und somit dem Leben einen Sinn zu geben. Stattdessen tust du gar nichts, ziehst dich auf deine Angstscholle zurück, suchst die Schuld in allen anderen und gibst am Ende des Lebens lediglich zurück, was dir geliehen wurde. Welchen Lohn rechtfertigt ein solches verantwortungsloses, feiges, von Jammern und Klagen geprägtes, aber ohne Aktivität und Risiko gelebtes Leben? Der Gutsherr fordert die Umstehenden auf, dem Diener das Talent wegzunehmen und es dem zu geben, der aus fünf zehn gemacht hatte. Es soll also schonungslos deutlich gemacht werden, dass ein Leben aus der Ängstlichkeit und Feigheit heraus ein leeres Leben ohne irgendeinen Wert ist. Das mag schrecklich klingen und so gar nicht nach Heilsbotschaft, Gnade und Barmherzigkeit. Aber es wäre ein verhängnisvoller Trugschluss, sähe man in der Lehre des Meisters eine »Wellness-Weltanschauung«, wo für jeden ein Plätzchen im Paradies reserviert ist, ganz gleich, was er tut und vor allem nicht tut.

Das Streben nach Glück ist kein Wartesaal in einem stillgelegten romantischen alten Bahnhof, wo man gemütlich beim Kaffee sitzend mit den anderen Wartenden Belangloses beredet und auf nie einfahrende Züge wartet, um später zu begründen, man habe das Ziel nicht erreichen können, da kein einziger Zug zum Einsteigen gekommen sei. Für solch lauwarme Entschuldigungen ist kein Platz im Verständnis des Meisters. Der Mensch muss erkennen, dass alles Zaudern irgendwann ein Ende hat und man tatsächlich vergeblich auf eine Veränderung im Leben, die Abreise in neue Lebensabschnitte wartet. Hat er dies erkannt, ist es Zeit aufzustehen, seine Koffer zu packen und zu gehen. Den Platz verlassen, an dem man es sich so wohlig eingerichtet hatte und ein sinnloses, leeres, zielloses risikoloses Leben geführt hatte. Der Meister ist radikal in seiner Aussage, nicht weich gespült:

> Denn wer hat, dem wird gegeben, und er wird im Überfluss haben. Wer aber nicht hat, dem wird auch noch weggenommen, was er hat.
>
> *Matthäus 25,29*

Wer Mut hat und an das Leben keine Bedingungen stellt, wird bedingungslose Liebe bekommen. Wer aber Angst hat und ein sicheres Leben führen möchte, wird die Leere einer freudlosen Sicherheit ernten! Rigoroser kann die Aufforderung zum Handeln nicht sein, aber deutlicher kann auch der Freibrief für den zum Handeln bereiten Menschen gar nicht ausgestellt werden: Es ist nicht entscheidend, ob du scheiterst, Fehler machst, dich in Sünde oder Fehlverhalten verstrickst – das ist immer möglich und ist sogar notwendiger Teil deines Erkenntnisprozesses, wie wir im zweiten Geheimnis in aller Deutlichkeit vor Augen geführt bekommen werden. Dieses Fehlen oder Absondern im Sinne von Sündigen ist dem Suchenden tatsächlich verziehen, solange er aus leidenschaftlicher Suche nach Liebe Fehler macht.

Da trat Petrus zu ihm und fragte: Herr, wie oft muss ich meinem Bruder vergeben, wenn er sich gegen mich versündigt? Siebenmal? Jesus sagte zu ihm: Nicht siebenmal, sondern siebenundsiebzigmal!

Matthäus 18,21–22

Alle Schuldreligion, Angstreligion, Sündenreligion ist Frevel am Menschen auf der Suche nach Liebe, weil sie das Wesen des Lebens nicht versteht und an die Stelle der Liebe die Angst vor Strafe setzt. Wie viel Leid ist im Namen der Religion auf diesem vergifteten Boden gewachsen? Wie viel Angst wurde den Menschen gemacht, unter der sie zusammenbrachen und jämmerlich verendeten? Wie viel Angst hat man zum Zweck des Machtmissbrauchs in die Herzen der Suchenden gejagt, um sie wie Marionetten durch ein unglückliches Leben und in einen bangen Tod führen zu können? Angst erlaubt keine Fehler, sondern verbietet, verurteilt, vernichtet. Dann wird das Leben zu einem riesigen lebensgefährlichen Parcours, in dem ein einziger Fehltritt das Leben kostet. Jeder Schritt will bedacht sein, denn es könnte der in die Fallstricke der Schuld und der Sünde sein und damit ins endgültige Verderben. Wer würde es wagen, zu einer solch tödlichen Prüfung anzutreten, die nur ein Übermensch vom Schlage eines Indiana Jones bestehen kann, nicht aber ein Normalsterblicher? Wer würde sich auf einen solchen Lebensweg trauen, auf dem Giftschlangen und Skorpione lauern, blutrünstige Raubtiere und eiskalte Mörder? Da bleibt man doch besser in seinem Turm, verschlossen und versteckt, verängstigt und verschreckt, und wagt keinen Fuß hinaus in die Gräuel des Lebens!

So hat die Überfrachtung des Menschen mit Angst vor Schuld und Sünde zu einer Angstepidemie geführt, die die Liebe regelrecht ausgerottet hätte, wären nicht immer mutige Menschen aufgestanden und hätten der Angstmache die Stirn geboten. Pervers, bedenkt man, dass der Meister, auf den sich die christlichen Kirchen berufen, das exakte Gegenteil vom Menschen gefordert hat: Mut zum Fehler, leidenschaftliches Leben in vollem Risiko, Aufbruch aus den Grenzen angstmachender Regeln und Gesetze, bedingungslose Suche nach Liebe! Wundert es da, dass die Kirchengeschichte des Christentums eine einzige *Chronique scandaleuse* ist, blutbeschmiert durch Heidenmissionierung, Kreuzzüge, Ablasshandel, Ketzer- und Hexenverbrennung, Reformationskriege und Terror im Namen des Meisters? Angst erzeugt immer noch mehr Angst. Alle Gewalt wird geboren, wo die Liebe von den Ängstlichen bekämpft wird. Und Gewalt in ihren monströsesten Formen wird zum Werkzeug der Angst. Im Namen der Liebe aber gibt es kein Blutvergießen, keine Kriege, keine Folter!

Mit der »Generalvergebung« des Meisters – siebenundsiebzigmal – ist alles gesagt: Handle und entscheide dich aus Liebe, dann kannst du nicht in der Einsamkeit der Angst enden. Wichtig ist einzig und allein, dass du die starre Haltung des Nichtstuns aufgibst und Leben und Liebe wagst! Das Wagnis ist es, das den Menschen formt und erfüllt, während die Feigheit ihn formlos und leer erscheinen lässt. Das klingt gefährlich, ist es aber nicht. Denn nur wer diese radikale Art zu leben wagt, packt jeden Tag mutig und voller Vertrauen auf eine größere Ordnung an.

Das ist übrigens das Gegenteil eines falsch verstandenen, das Risiko vermeidenden Karmaglaubens, der in den aktuellen Umständen des Lebens die verdiente Auswirkung des vorangegangenen Handelns sieht. Wer nämlich Angst davor hat, etwas zu tun, über dessen zukünftige Wirkung er nichts weiß, der wird eher angehalten, ein kontemplatives und kein aktives Leben zu führen. Er verwendet also idealerweise sein Leben dazu, Leid durch Passivität zu vermeiden, über sich nachzudenken und die Konsequenzen seines früheren Handelns zu ergründen. Die leidenschaftliche Tat, das mutige Handeln aus Liebe und die Furchtlosigkeit – dafür ist in dieser Weltanschauung kaum Platz, zumindest, wenn man sie so auslegt. Zu groß ist die Angst vor einer Fortsetzung des schlechten Karmas – dann bleiben eben nur Mitgefühl und Achtsamkeit – fraglos äußerst wichtige Eigenschaften eines bewusst lebenden Menschen. Aber ist das alles? Reicht das?

Vielleicht erklärt sich aus dieser Weltsicht auch der Buddhismus-Boom in unserer Zeit, der sich bei genauem Hinschauen als »Light-Buddhismus« entpuppt: Es ist nämlich für viele Intellektuelle unserer Zeit viel leichter, ein Schicksal mit Karma zu erklären und hinzunehmen, als es aus der Kraft der aktiven Liebe heraus anzupacken, herauszufordern und zu verändern. Der Meister will ganz und gar keine Lämmer aus uns machen, die sich einem Ursache-Wirkung-Prinzip beugen und Leidvermeider werden. Nein, er will, dass wir mutige Löwen werden: Immer auf dem Sprung, leidenschaftlich und mit brennendem Herzen das Wagnis der Liebe eingehen, auch wenn wir darin scheitern. Er will uns heiß, nicht lauwarm oder kalt. Er predigt die Absolution für ein gescheitertes Handeln aus Liebe, malt aber zugleich ein düsteres Bild für diejenigen, die zaudern und nicht wagen: Der verliert sein Leben, der wartet. Der gewinnt es, der handelt. Er will, dass wir etwas durchbrechen, das wie eine gottgewollte Kette von Ursache und Wirkung aussieht. Und dies nicht irgendwann, sondern jetzt! Keine gute Botschaft für die Anhänger von New-Age-Spiritualität, denen das Heil versprochen wird, wenn man nur oft genug wiedergeboren wird und sich damit Leben um Leben von schlechtem Karma reinwäscht ...

Der Gutsherr wirft den Diener hinaus, nennt ihn »schlecht« und »faul« und übergibt ihn der Finsternis. Dunkelheit steht immer für Ausweglosigkeit, Leere, Sinnlosigkeit. Und genau da endet der Mensch, der sich der Angst verschreibt, der sie zum Ratgeber seines Lebens macht: Er findet aus den einfachsten Wirrungen nicht mehr heraus, lässt sich die Probleme über den Kopf wachsen, bis sie über ihm zusammenstürzen und ihn begraben. Dabei ist das, was da über einem mit Getöse zusammenbricht, nicht selten nur ein überdimensioniertes Kartenhaus, dessen Last leicht zu stemmen gewesen wäre, leichter jedenfalls, als wenn (An)Klage und Angst statt Mut und Zuversicht regieren.

Ich kannte eine bescheidene alte Frau aus der ehemals sudetendeutsch-österreichischen Gemeinde Hennersdorf (heute Jindrichov), die ich wegen ihrer in hohem Alter absolut selbstständigen Art zu leben aufrichtig bewunderte. Sie erzählte mir immer wieder von ihrer schrecklichen Flucht aus dem damaligen Sudetenland und den unfassbaren Ängsten um das Leben ihrer drei minderjährigen Mädchen. Sie habe die Wahl gehabt: der todbringenden Angst nachgeben und aufgeben oder aus Liebe alles riskieren und einfach nur handeln. Wie in Trance sei das ganze Drama der Flucht und die damit einhergehenden Gräuel und Verbrechen abgelaufen, ja sogar der Tod eines der Kinder und eine eigene lebensgefährliche Erkrankung seien wie ein böser Traum an ihr vorbeigezogen. Anstelle der Angst wurde der unbedingte Wille zu überleben und dadurch das Leben der Kinder aus Liebe zu retten die alles entscheidende Kraft. Sie »programmierte« ihr ganzes Denken und Handeln auf

Überleben, kannte keinen Schmerz mehr, keinen Hunger, keine Erschöpfung.

Stolz auf ihre übermenschliche Leistung war diese Frau nie. Und sie hätte auch nur den Versuch, ihr Stolz zu vermitteln, verachtend zurückgewiesen. Sie war zeitlebens glücklich darüber, zwei ihrer Mädchen durchgebracht zu haben, litt aber ebenfalls ihr ganzes Leben unter dem Schmerz, dass ihr drittes Kind auf der Flucht schwer erkrankte und in ihren Armen gestorben war. Da ihr Mann im Krieg gefallen war, begann sie in Bayern – mittellos wie alle Flüchtlingsfamilien – aus dem Nichts heraus ein neues Leben aufzubauen. Sie handelte unentwegt ausschließlich im Sinne des Überlebens und aus Liebe – nie berechnend, nie ängstlich, nie feige. Am Ende ihres fast hundert Jahre währenden Weges war sie entkräftet, konnte aber zehn Jahre lang nicht sterben, obwohl Körper und Verstand nahezu alle Funktionen aufgegeben hatten. Viel zu tief saß in ihrem Unterbewusstsein die unbedingte Notwendigkeit, aus Liebe zu ihren Kindern leben zu müssen. Welche unfassbare Kraft doch in der Entscheidung für das Leben und im bedingungslosen Mut zum Handeln steckt! Man muss nicht viel Fantasie haben, sich auszumalen, wie diese Geschichte ausgegangen wäre, wenn bei dieser Frau die Angst gesiegt hätte ...

Die Transformation der Angst

Wir, die wir nach dem tiefen Sinn und der alles entscheidenden Einzigartigkeit unseres Daseins suchen, erkennen ganz deutlich, dass es in diesem einen Leben um eine wesentliche Veränderung geht, ohne deren Erleben kein wahres Glück möglich ist: Das Meisterwort »Fürchte dich nicht!« ist Ermutigung und Auftrag zugleich. Denn der Weg zum Glück führt niemals über die Angst und Furcht vor dem Leben, niemals über das Zaudern und Zögern, niemals über das Warten und Erwarten. Ein Leben aus diesen Einstellungen heraus und von derartigen Verhaltensweisen geprägt, ist zum Scheitern verurteilt, weil es das Geschenk der Liebe ablehnt und an seiner Stelle die lähmende Angst zum Lebensprinzip werden lässt. Vermeidung statt Verantwortung ist die bittere Folge. Im Gegenteil gilt es, die uns allen eigene Angst vor dem Leben als Angst vor der Liebe – und damit als Angst vor dem größten Privileg des Menschen – zu entlarven. Wir sind dazu in der Lage, der Angst die Macht über uns zu nehmen und sie zu transformieren, zu verwandeln, ihren Fluch aufzuheben und dem wahren Glück unendlich befreiender Liebe die Pforten zu öffnen. Wie im Märchen müssen wir durch den Fluch der Angst hindurch und uns ihrer lebensvernichtenden Kraft bewusst werden, um sie dann zu entmachten, zu demaskieren, zu verwandeln. Wir brauchen also die Erfahrung der Angst, um mutig zu werden! Oder anders gesagt: Der Kuss bedarf des Fluches, ohne den es nie zur Entscheidung für die Liebe kommen kann.

Auch deshalb nenne ich diesen Weg in der Therapie die »Transformation der Angst«. Dabei geht es nicht um irgendwelche Suggestionen, Schönfärbereien oder positivistische Affirmationen, sondern es geschieht tatsächlich eine echte

Verwandlung, eben eine wirkliche Transformation des letztlich vernichtenden Gefühls der Angst in das kreative schöpferische Gefühl der mutigen Liebe.

Die Ausgangsfrage ist dabei immer: Was ist es eigentlich, was mir im Leben Stress, Druck, also Angst macht? Wann beginnen mir die Nerven durchzugehen und der Boden unter den Füßen zu schwanken? Wann fühle ich mich schwach, hilflos und ohnmächtig? Machen Sie einfach gleich mit: Suchen Sie in Ihren Erinnerungen und Vorstellungen alle Personen, Umstände, Situationen, Erlebnisse und Gefühle, die in Ihnen dieses »elende« Empfinden von Angst und vielleicht sogar von unerklärlicher Panik hervorrufen. Gehören Sie zu den Menschen, die sich regelrecht psychisch krank vor Angst fühlen? Oder kennen Sie gar körperliche Symptome der Angst, die chronisch geworden sind: migräneartige Kopfschmerzen, hartnäckige (!) Nacken- und Schulter-Spannungsschmerzen, chronische Schmerzen im Rücken, häufiges Sodbrennen, ziehende Magenschmerzen, chronischer Durchfall, unkontrollierte Schweißausbrüche, Schlaflosigkeit, Zittern? Stellen Sie sich konfrontiert mit diesen psychischen und physischen »Wahrheiten« die prinzipielle Frage: »Wovor habe ich denn wirklich Angst?«

Beim einen ist es die Angst, den Erwartungen anderer nicht zu entsprechen, beim anderen, ein wertloser Mensch zu sein. Der eine hat Angst davor, Macht und Position zu verlieren, der andere, nicht geliebt zu werden. Dem einen Menschen wird es angst und bange, wenn ein anderer erfolgreicher als er zu sein scheint, der andere, wenn er zu versagen glaubt. Angst vor Verlust, Angst vor Krankheit, Angst vor Verarmung, Angst vor – der Angst! Immer komme ich in meiner psychotherapeutischen Arbeit an genau diesen schmerzhaften Punkt: Die Angst vor der eigenen Angst ist es – die Angst vor dem Spüren des wunden Punktes des eigenen Wesens. Die Angst vor dem Spüren der Bodenlosigkeit der Liebe, die Angst davor, bedingungslos zu lieben, sich fallen zu lassen und nicht festzuhalten. In ihren »verkrampften« Symptomen spüren und sehen die Menschen jetzt ihre Mutlosigkeit, ihre Feigheit, ihre Opferrolle, ihre Passivität, ihre gewollte Begrenztheit im »Rapunzelturm« der Angst. Am Ende kommt wirklich immer das heraus, was kein Mensch vorher geglaubt hätte: Aller Stress und Druck entstehen einzig und allein aus Angst davor, sich mutig der bedingungslosen Liebe zu öffnen, sich fallen zu lassen in ein Leben ohne Grenzen und Sicherheiten!

Das mag im ersten Augenblick erschrecken, aber der Schock führt in die Veränderung:

Jetzt befinden wir uns genau am wunden Punkt des Menschen, seinen ständig wiederkehrenden und zu Leid und Krankheit führenden Rätsel, das er nicht zu lösen bereit ist und ein Leben lang mit sich herumschleppt (und dabei auch noch oft genug sagt, es sei ihm ein Rätsel, warum er immer und immer wieder dieses oder jenes Unglück erleide). In der Praxisarbeit der Transformation der Angst sage ich an diesem Punkt angekommen, dass wir Menschen verrückterweise am Leid eher festhalten, als dass wir das Glück beim Schopf packen. Bert Hellinger meint: »Leiden ist leichter als lösen«, womit er eine alte buddhistische Weisheit zitiert, nämlich dass der Mensch sich lieber tiefer und immer tiefer in sein Leid verstrickt, als sich radikal und ohne an Altem zu hängen daraus zu befreien. Glauben Sie mir, kein Klient antwortet mit »Ja«, wenn ich ihn frage, ob er sich vorstellen könne, dass er es selbst ist, der unbewusst an seinem Leid in Form der Angst festhält. Entrüstet oder enttäuscht schauen mich die Menschen dann an und versichern mir, dass sie »alles tun würden, um von diesem Leid erlöst zu werden«. Wie ich nur auf den Gedanken kommen könne, ernsthaft zu glauben, ein Mensch klammere sich an sein Leid: Dies sei ja geradezu pervers! Ist es aber nicht, sondern schlicht die reine Wahrheit, die bei jedem Menschen nachgewiesen werden kann – übrigens auch bei Ihnen. Dies führt uns weiter im Veränderungsprozess:

Wenn der wunde Punkt – die Angst vor der Verletzbarkeit aus Liebe – der andauernde Grund meiner erlebten und chronischen Ängste ist, wohin führt mich dieser dann? Dass eine Wunde Zeit braucht, um auszuheilen, verstehen die Menschen. Deshalb akzeptieren sie auch, dass ich behaupte, der wunde Punkt führe zu einem ständig wiederkehrenden Fehlverhalten, zu jenen Fehlern also, in denen sich wie bereits angesprochen das uns zum Glück Fehlende offenbart. Wir schauen uns dann das Fehlverhalten des Menschen an: Wie vermeide ich konsequent die Liebe? Wo ersetze ich sie durch (Pseudo-)Sicherheiten? An den sich wie bei einer Perlenkette aneinanderreihenden verschiedenen Negativbeispielen seiner Lebensgeschichte lernt der suchende Mensch nun, den immer wiederkehrenden Fehler im Sinne seines Mangels an Liebesbereitschaft und damit sogar an Liebesfähigkeit zu lesen. Jetzt erahnt er den Nährboden und die Beweggründe seiner immer wieder leidvoll gemachten Erfahrungen, das sich immer wieder danach einstellende Gefühl von Ohnmacht und Schicksal – sein Leid! Wenn Sie an dieser Stelle der Transformation der Angst angekommen sind, sind Sie sehr weit. Uns herumirrenden Kreaturen wird dadurch oft schlagartig das bewusst, was wir falscher Moral- und Wertevorstellungen wegen nie zu denken gewagt hätten: dass verrückterweise unser Fehler das Tor zum Heil ist. Ich erkenne, dass sich in meiner Angst die Suche nach dem offenbart, wonach ich mich zutiefst sehne, wonach ich also »Sehn-Sucht« habe: Liebe!

Wenn aber der Fehler das Tor zu unseren Sehnsüchten ist, dann dürfen, ja dann müssen wir durch dieses Tor hindurchgehen, ohne Schuld, aber mit der Gewissheit, am Ende des Weges das zu finden, wonach wir alle so innig suchen: die Bedingungslosigkeit der unendlichen und eben nicht begrenzten oder gar ausgrenzenden Liebe. Durch das Wegnehmen der Schuld wird es dem an seinem Schicksal Leidenden klar und deutlich: Gelebte Angst verhindert die Wandlung, gelebte Angst verhindert die Handlung, gelebte Angst verhindert Menschwerdung. Erst das Hindurchgehen durch das bisher so verhasste Schicksal macht aus mir den neuen Menschen, verwandelt mich vom passiven Erleider zum aktiven Helden meines ureigensten Lebens. Und es wandelt Krankheit und Tod in Heil und Leben.

Nichts anderes sagt der Meister: Er hat diesen Transformationsprozess bei so vielen Menschen angewandt und erfolgreich die Wandlung vom ängstlichen Feigling zum mutigen Liebenden erreicht. Nicht dass er die Schwachheit der Menschen verachten würde – weit gefehlt. Er selbst schwitzte Blut aus Angst vor der Folter und dem grausamen Sterben am Kreuz. Aber er legt uns allen schonungslos offen, dass das Ergeben in die Angst zur verhängnisvollen Lähmung wird und so den Lebensweg zum Leidensweg macht. Im Gegensatz zu Buddha sucht er aber keinen Weg, um Leid unmöglich zu machen, sondern er führt die Menschen durch ihr persönliches Leid hindurch, damit sie ihre Möglichkeiten, ihre Talente, ihre Bestimmung entdecken. Er öffnet den Menschen im wahrsten Sinn des Wortes die Augen, gibt ihnen Mut, Glauben und Vertrauen in die eigenen Kräfte und erreicht so ungewöhnliche, nicht selten wundersame Ergebnisse. Er beweist seinen Jüngern, wie man durch die Liebe ein »Meister der Angst« wird, die Angst also »meistert«. Und in seinem Gefolge müssen eine Menge Menschen gewesen sein, die in der Gesellschaft verachtet, ja gejagt wurden und deshalb Angst hatten, Zielscheibe von Spott, Verfolgung und Gewalt zu werden: Zöllner, Dirnen, Gesetzlose, Ausgestoßene! All diesen Entmutigten macht er Mut, motiviert sogar schwache Menschen wie den »Angsthasen« Petrus dazu, durch die eigene Feigheit hindurchzugehen und durch die Entdeckung der mutigen Liebe später einen unerschrockenen Weg zu finden.

Der Meister verspricht den Menschen nicht das Blaue vom Himmel herunter, aber er garantiert ihnen das Erlebnis der Liebe, wenn sie das »Fürchte dich nicht!« zu ihrem Credo machen! Und er warnt sie vor dem Dunkel der Angst, in dem Heulen und Zähneknirschen herrschen, also Traurigkeit, Hass, Neid, Gier, Verzweiflung, Leere, Depression. Jenem Dunkel also, in dem der bleibt, der sich der Radikalität der Liebe nicht bedingungslos ausliefert und stattdessen in der Welt Ersatz zu finden hofft. Er findet, was er sucht: Täuschungen, die wieder nur Ängste hervorrufen und Ausgrenzungen entstehen lassen – der Teufelskreislauf eines Lebens ohne wahre Liebe!

Die Liebe aus ihrem Kerker zu befreien, in den sie von uns Menschen durch Normen, Moralvorstellungen, Ideologien, Religionen und Gesellschaftssysteme geworfen wurde – dies beginnt in der Transformation der Angst. Aber es geht weiter, denn das Geheimnis des Meisters führt uns noch viel tiefer in unser Wesen und unsere Schattenbereiche hinein: denn fast immer tragen wir Gefühle der Schuld und des Schuldigseins mit uns herum, die wiederum zu Ängsten jeglicher Art führen. Und mit der Schuld sind wir im zweiten Geheimnis des Meisters angekommen: die Befreiung unserer Seele von der Fessel der Schuld und deren Verwandlung in bedingungslose Vergebung.

Öffnen Sie sich einem der dramatischsten Themen unseres Menschseins, einer der folgenreichsten Fehlinterpretationen der wunderbaren Lehre des Meisters, und heben Sie den Schatz des zweiten Geheimnisses ...

Das zweite Geheimnis:
Die Fessel der Schuld

Denke vor allem daran, dass du niemandes
Richter zu sein vermagst.
Denn es kann auf Erden niemand Richter
sein über einen Verbrecher,
bevor nicht der Richter selber erkannt hat,
dass er genau so ein Verbrecher ist wie der,
der vor ihm steht,
und dass gerade er an dem Verbrechen des
vor ihm Stehenden
vielleicht mehr als alle anderen auch die Schuld trägt.
Wenn er aber das erkannt hat, dann kann er auch Richter
sein.

Fjodor M. Dostojewski,
Die Brüder Karamasow, 1878–1880[7]

Ich weiß, dass ich mich nach dem ersten schon sehr aufrüttelnden Geheimnis des Meisters mit Ihnen jetzt in ein äußerst gefährliches Fahrwasser begebe und mit diesem Thema das Blut der Moralapostel verschiedener Ideologien in Wallung bringen werde. Denn nichts beeinflusst unser menschliches Verhalten neben der Angst so sehr wie das große Thema der Schuld. Und kein Thema kann so kontrovers gesehen werden, weil es nach unserer Auffassung immer mit Tätern und Opfern zu tun hat. Es ist bekanntermaßen auf den ersten Blick für uns immer leichter, einen Schuldigen ausfindig zu machen und in ihm die Ursache eines Problems zu sehen. Aber wenn Sie auch das zweite Geheimnis des Meisters zur Verwirklichung eines glücklichen Lebens anwenden wollen, wenn Sie sich entschieden haben, das Wunder bedingungsloser Liebe in sich zu erfahren, dann müssen Sie – ob es sich für Sie momentan gut anfühlt oder nicht – durch dieses große Thema der Schuld hindurch, das vielleicht die größte Fessel des menschlichen Geistes und damit der größte Feind der Wahrheit ist. Sie müssen sich trauen, Ihr bisheriges Verständnis von Schuld und Schuldigsein aufzugeben. Und dabei stößt mancher sicher an seine Grenzen.

Das zweite Geheimnis des Meisters ist nicht weniger als die Wiederentdeckung der Unschuld des Menschen in sich, die Rückkehr zur Liebe zu sich und damit die Annahme seines Wesens und seines So-Seins. In diesem Geheimnis bietet der Meister der Unausweichlichkeit der Schuld die Vergebung an, die kein bloßes Gerede ist, sondern ein tief aufwühlender und höchst wirksamer Prozess der Transformation. Am Ende steht der entfesselte Mensch, dessen Liebe zu sich zur wunderbaren Erfahrung führt, geliebt zu werden. Wagen wir es: Öffnen wir uns dem zweiten Geheimnis ...

Warum wir den Teufel brauchen, um zu Gott zu finden ...

Die gesamte Menschheitsgeschichte ist im Grunde nichts anderes als eine Ansammlung von Schuld und Sühne. Und immer, wenn dann zwei gegeneinander in den Kampf der Ideologie, des politischen oder religiösen Systems ziehen, fühlen sich die Sieger als Gerechte bestätigt, während sich die Schuld der Verlierer in ihrer Niederlage geradezu gottgewollt geoffenbart haben soll. Objektiv betrachtet stehen immer irgendwelche Machtansprüche im Raum, die nur gerechtfertigt werden können, wenn es in der Weltanschauung der Gegner eben die Wahrheit und den Irrtum gibt. Wer aber die Wahrheit für sich beanspruchen kann, zeigt sich immer erst im Ausgang des sich ständig in der Weltgeschichte wiederholenden Kampfs: Für eine bestimmte Zeit gilt nun die Lehre des Siegers als Heilslehre, die des Verlierers als Irrlehre. Aber allzu oft hat sich im Lauf der Zeiten die Irrlehre nach einem weiteren Kampf gegen die Heilsbringer doch durchgesetzt und wurde nun ihrerseits zur Heilslehre, während die nunmehr unterlegenen Heilsbringer zu Ketzern erklärt wurden. »Was ist Wahrheit?« (Johannes 18,38), fragt deshalb Pilatus vor der Verurteilung des Meisters, weil er ahnt, dass die Sicht der Sieger nicht wirklich die Wahrheit widerspiegelt, sondern als Machtinstrument gegen Andersdenkende beliebig austauschbar ist. Und er sagt auch: »Ich finde keine Schuld an diesem Menschen! Nehmt ihr ihn und richtet ihn nach eurem Gesetz!« (Johannes 19,6) Wenn also nach dem Regelwerk der einen Ideologie ein Mensch unschuldig ist, kann er nach dem Regelwerk einer anderen zum Tode verurteilt werden. Das macht irgendwie hilflos und vor allem wirft es einen dramatischen Schatten auf das große Leid der Menschheit vom Anfang der Zeit bis in unsere Gegenwart: Wir brauchen die Sünder und Schuldigen, um uns selbst als Gerechte und Heilige fühlen zu dürfen. Wir brauchen das Böse und den Teufel, um uns für das Gute und Gott entscheiden zu können. Wir brauchen die Verlierer, damit wir uns guten Gewissens zu den Siegern zählen dürfen. Da sind sie wieder – diese unsäglichen Gegensatzpaare des dualen Weltbilds, das uns unseres Glückes beraubt und uns zu lieblosen Fanatikern werden lässt: »Gott sei Dank bin ich nicht so wie diese!«, »Gott sei Dank bin ich ein unbescholtener Mensch!«, »Mir kann man nichts vorwerfen!«, »Wie können die nur so sein?«, »Wes Geistes Kind müssen diese Menschen sein?« – die Liste der Floskeln wäre beliebig fortsetzbar und führte immer zum gleichen Schluss: Schuld und Schuldigsein macht Menschen in unserer Gesellschaft zu dem, was Aussätzige in der Zeit des Meisters waren: Solche Menschen gehören nach Meinung der »Reinen« ausgeschlossen, außerhalb der sich selbst feiernden Gesellschaft der Unschuldigen sollen sie ihr Dasein fristen, man wendet sich von ihnen ab und verhüllt sein Gesicht vor dem Unrat, der die feinen Kreise der Heiligen nur beschmutzt ...

Wenn wir uns in der globalen Welt umsehen, dann müssen wir mit Schrecken erkennen, dass das »Schuldprinzip« das »Liebesprinzip« längst abgelöst hat: Es geht immer nur noch darum, für etwas einen Schuldigen und Sündenbock zu finden, der idealerweise auf dem Schafott der gläsernen Welt des Internets seinen millionenfachen Henkern übergeben wird, für jedermann als schuldig ersichtlich, am virtuellen Pranger von jedermann verurteilt und kollektiv hingerichtet. Welche Dimension Schuld mittlerweile annimmt, ist vielleicht gar nicht mehr messbar. Aber wie sehr sie unser Denken, unser Weltbild und unsere Wertvorstellungen prägt, ist jeden Tag erlebbar: Die Welt fordert an allen Ecken und Enden weiße Westen, Political Correctness und tadelloses Verhalten, verstrickt sich dabei aber immer tiefer in globale Schuld.

Warum der Kampf gegen die Schuld immer blutig ausgeht ...

Was sich global mittlerweile in jeder tiefen Krise der Welt so unkontrollierbar darstellt, ist im Grunde das alte Phänomen des Makrokosmos im Mikrokosmos, also die Tatsache, dass sich im Großen das Kleine und im Kleinen das Große zeigt: Durch die Überheblichkeit von Politikern wurde versucht, die Welt in ihrer unendlichen Vielfältigkeit unter dem Vorwand globalen Wohlstands zu vereinheitlichen. Die griechische Tragödie bezeichnet dieses zügellose Verhalten als »Hybris« und meint, dass der Mensch sich gegen eine göttliche Ordnung erhebt und diese ausheben will. In der Tragödie greift die Rachegöttin Nemesis in das menschliche Handeln ein und lässt großes Leid, Krisen und Katastrophen entstehen. Durch die Hybris des Glaubens an die Macht des globalen Geldes ist so viel Schuld, Ausbeutung, Naturvernichtung und Armut in die Welt gekommen wie nie zuvor. Die so schuldig gewordene Weltgemeinschaft will aber ihr Schuldigsein nicht wahrhaben und projiziert deshalb das im globalen Gewissen pochende Schuldgefühl auf andere Menschen, Gruppen, Ethnien, Völker, Ideologien und Religionen. Das war immer schon so und führte immer schon zu Ausgrenzung, Hass, Krieg, Not, Krankheit, Tod und Leid. Die Schuld wird immer größer, immer unfassbarer, immer allgegenwärtiger.

Genauso agiert im Mikrokosmos der einzelne Mensch: Da er sein Schuldigwerden nicht aushält, sucht er sich Sündenböcke, die seiner Überzeugung nach entweder schuld am Problem sind oder aber ihn aus seiner Sicht zum unwissenden Handlanger ihrer Schlechtigkeit gemacht haben, womit er wiederum in den anderen den Nährboden der Schuld sieht. Dass dies ein sinnloser Kampf ist, der wie im Makrokosmos immer nur in weiterem Unrecht und damit in grenzenloser Schuld endet, ist an jedem beliebig gewählten Beispiel nachweisbar: Wenn etwa ein George W. Bush jr. am 12. September 2001 nach den furchtbaren Taliban-Anschlägen auf das World Trade Center, bei denen 2.792 Menschen ums Leben kamen, in New York davon sprach, dass es »...einen monumentalen Kampf des Guten gegen das Böse geben werde« und zwei Tage später ankündigte, Amerika werde in Afghanistan einen »... Kreuzzug führen, um die Welt von den Übeltätern zu befreien«, wurde er damit schuldig am Tod von über 50.000 Zivilisten, aber auch am sinnlosen Sterben von fast 2.000 amerikanischen und verbündeten Soldaten. Die blinde Projektion von Schuld auf andere hat sie nur vergrößert und ins Unermessliche gesteigert. Wenn man dann noch weiß, dass sich George W. Bush jr. selbst voller Minderwertigkeitskomplexe und nagender Schuldgefühle im Schatten des übermächtigen Vaters exzessiv in den Alkohol und andere Drogen geflüchtet hatte, weil er sich als Versager in einer typisch texanischen Erfolgsfamilie sah, dann kann man schon ahnen, gegen wen er seinen Kreuzzug wirklich führte und wie schrecklich die fatalen Folgen solch unverarbeiteter Schuldgefühle sein können.

Warum erzähle ich Ihnen das alles? Was hat das mit dem zweiten Geheimnis des Meisters zu tun, werden Sie vielleicht fragen. Wohin führt uns das Ganze?

Wenn ein so komplexes Thema wie »Schuld« die Unglücksgeschichte unserer Welt und das Schicksal jedes einzelnen Menschen derart massiv beeinflusst, muss es eines sein, dem der »Meister der Liebe« ein radikal anderes Konzept entgegenhält. Es muss einen anderen Weg geben als jenen, durch immer größer werdende Schuld sich selbst als Individuum wie die Welt (Mikrokosmos – Makrokosmos) zu vernichten, indem wir unseres Unglückes Schmied sind und uns am Ende einer langen Leidensgeschichte selbst zur Guillotine führen, das Fallbeil lösen und uns so selbst hinrichten. Das Konzept des Meisters ist – und das wird Sie vielleicht schockieren – das Gegenteil dessen, wie wir mit Schuld, Reue und Vergebung umgehen. Er stellt unsere Vorstellung auf den Kopf, entlarvt unser System als zutiefst scheinheilig und führt bestehende Praktiken im Umgang mit Schuld ad absurdum.

Warum die Schuld die Voraussetzung für die Unschuld ist ...

Es wäre sinnlos und ausufernd, sich in diesem Buch dem riesengroßen Thema der globalen Schuld anzunehmen: Wir werden die Welt nicht verändern, wenn wir im Makrokosmos ansetzen. Im Gegenteil: Wer sich im Großen verzettelt, verursacht immer nur wieder Schuld und Leid. Nein! Das Geheimnis des Meisters antwortet nicht dem destruktiven Weltgeist mit einer Gegenideologie, sondern setzt ausschließlich beim einzelnen Menschen an. Ihm ist die Möglichkeit gegeben, einen völlig anderen Weg im Umgang mit seiner eigenen Schuld (und eben nicht der des anderen) zu gehen. Ja, Sie lesen schon richtig: Es geht in diesem zweiten Geheimnis niemals um die Schuld eines anderen, dem möglicherweise vergeben werden müsste, damit wieder Frieden einkehrt. Es geht überhaupt nicht um die anderen, um deren Verhalten, deren Schuldigwerden. Es geht nur um den einzelnen Menschen, um Sie, um mich! Und es geht nur um unseren Umgang mit unserer Schuld. Das mag verwundern, ist aber genau das Geheimnis, um das es geht. Die Aufforderung an uns könnte nämlich lauten:

»Du Mensch, schau nur auf deine Schuld! Hör damit auf, deine Schuld auf andere zu projizieren und in den anderen Sündenböcke zu suchen. Erkenne den tiefen Sinn deiner Schuld für dein eigenes, individuelles Leben. Befreie dich aus dem unsäglichen Kreislauf der Schuld, der nur durch dein Nichthandeln zur qualvollen Kette von negativen Ereignissen wird!«

Klingt das nicht wieder nach Karma? Nach dem aus Sicht der Buddhisten richtigerweise so dringend notwendigen Anschauen negativer Situationen im Leben, die alle mit Schuld einhergehen? Meint der Meister damit etwa, dass wir in der negativen Auswirkung die negative Ursache und mit ihr die Wurzel allen karmischen Unglücks erkennen müssen, um frei zu werden für ein besseres Leben? Oder meint er vielleicht etwas ganz anderes, nämlich dass es gar kein Ursache-Wirkung-Prinzip in Bezug auf die persönliche Schuld des Menschen gibt? Meint er, dass im Erkennen der Unausweichlichkeit der Schuld die einzige Möglichkeit der Wiedererlangung der Unschuld und damit das Durchbrechen einer karmischen Leidkette liegt?

Kein Gleichnis des Meisters zeigt uns besser, dass es ihm nicht um karmische Kreisläufe der Wiedergeburten geht, als jenes vom »Verlorenen Sohn«. Um das zweite Geheimnis wirklich zu verstehen, seine Anwendung zu lernen, kommen wir an dieser vielleicht bekanntesten und zugleich meist fehlinterpretierten Geschichte des Meisters nicht vorbei, und es lohnt sich, genauer hinzuschauen und ihren tieferen Sinn zu entdecken. Tun Sie sich einen Gefallen und vergessen Sie alles, was Sie über dieses Gleichnis je zu wissen geglaubt haben. Lesen und entdecken Sie es im zweiten Geheimnis des Meisters neu:

Ein Mann hatte zwei Söhne. Der jüngere von ihnen sagte zu seinem Vater: Vater, gib mir das Erbteil, das mir zusteht. Da teilte der Vater das Vermögen auf. Nach wenigen Tagen packte der jüngere Sohn alles zusammen und zog in ein fernes Land. Dort führte er ein zügelloses Leben und verschleuderte sein Vermögen.

Als er alles durchgebracht hatte, kam eine große Hungersnot über das Land und es ging ihm sehr schlecht. Da ging er zu einem Bürger des Landes und drängte sich ihm auf. Der schickte ihn aufs Feld zum Schweinehüten. Er hätte gern seinen Hunger mit den Futterschoten gestillt, die die Schweine fraßen; aber niemand gab ihm davon. Da ging er in sich und sagte: Wie viele Tagelöhner meines Vaters haben mehr als genug zu essen und ich komme hier vor Hunger um! Ich will aufbrechen und zu meinem Vater gehen und zu ihm sagen: Vater, ich habe mich gegen den Himmel und gegen dich versündigt. Ich bin nicht mehr wert, dein Sohn zu sein; mach mich zu einem deiner Tagelöhner.

Dann brach er auf und ging zu seinem Vater. Der Vater sah in schon von Weitem kommen, und er hatte Mitleid mit ihm. Er lief dem Sohn entgegen, fiel ihm um den Hals und küsste ihn. Da sagte der Sohn: Vater, ich habe mich gegen den Himmel und gegen dich versündigt; ich bin nicht mehr wert, dein Sohn zu sein. Der Vater aber sagte zu seinen Knechten: Holt schnell das beste Gewand und zieht es ihm an. Steckt ihm einen Ring an die Hand und zieht ihm Schuhe an. Bringt das Mastkalb her und schlachtet es. Wir wollen essen und fröhlich sein. Denn mein Sohn war tot und lebt wieder; er war verloren und ist wiedergefunden worden. Und sie begannen, ein fröhliches Fest zu feiern.

Sein älterer Sohn war unterdessen auf dem Feld. Als er heimging und in die Nähe des Hauses kam, hörte er Musik und Tanz. Da rief er einen der Knechte und fragte, was das bedeuten solle. Der Knecht antwortet: Dein Bruder ist gekommen und dein Vater hat das Mastkalb schlachten lassen, weil er ihn heil und gesund wiederbekommen hat. Da wurde er zornig und wollte nicht hineingehen. Sein Vater aber kam heraus und redete ihm gut zu. Doch er erwiderte dem Vater: So viele Jahre schon diene ich dir und nie habe ich gegen deinen Willen gehandelt. Mir aber hast du nie auch nur einen Ziegenbock geschenkt, damit ich mit meinen Freunden ein Fest feiern könnte. Kaum aber ist der hier gekommen, dein Sohn, der dein Vermögen mit Dirnen durchgebracht hat, da hast du für ihn das Mastkalb geschlachtet.

Der Vater antwortete ihm: Mein Kind, du bist immer bei mir und alles, was mein ist, ist auch dein. Aber jetzt müssen wir uns doch freuen und ein Fest feiern; denn dein Bruder war tot und lebt wieder; er war verloren und ist wiedergefunden worden.

Lukas 15,11–32

Möglicherweise ist es Ihnen wie fast allen Menschen beim Lesen dieser Geschichte ergangen: Sie sympathisieren mit dem älteren Bruder, der dem Vater vorwirft, mit zweierlei Maß zu messen. Statt den jüngeren Sohn zur Rechenschaft zu ziehen, ihm seine Verfehlungen vorzuwerfen und ihm deutlich zu machen, dass er für sein zügelloses Leben die Früchte erntet, die er verdient, feiert der Vater ein Fest. Dass dies dem älteren Bruder mehr als sauer aufstößt, ja sogar massiv verärgert, kann man nachvollziehen und die überaus generöse Haltung des Vaters verwundert den Leser des Gleichnisses immer wieder aufs Neue. Aber was geschieht denn wirklich? Was ist das Geheimnis zwischen den Zeilen?

Warum eine Entschuldigung keine Voraussetzung für Vergebung ist ...

Der jüngere Sohn bekommt vom Vater etwas geschenkt, das ihm ein sorgloses, schuld(en)freies Leben bescheren soll. Denken Sie dabei jetzt nicht mehr an Geld, sondern an die Gabe der Unschuld und eines reinen Wesens, wie es der Meister bei Kindern immer wieder deutlich hervorhebt:

> Lasset die Kinder zu mir kommen, hindert sie
> nicht daran! Denn Menschen wie ihnen gehört
> das Himmelreich!
> *Markus 10,14*

Kinder kommen auf die Welt als unschuldige Wesen, so wie der jüngere Sohn unschuldig das Haus des Vaters verlässt. Erst durch die Menschen (das fremde Land) werden Kinder zu vergleichenden Wesen, die das Gefühl beschleicht, sie müssten etwas anderes werden, als sie sind. Anders gesagt: Die meisten Erwachsenen versuchen ihr ganzes Leben, dieser oder jener zu werden und dieses oder jenes zu besitzen, damit sie sich gut fühlen, Glück empfinden, mit sich zufrieden sein können. Fast alle Menschen leben durch diese in ihrer Kindheit erworbene Einstellung an ihrer eigentlichen Bestimmung vorbei und wollen tatsächlich etwas werden, das sie wesenhaft gar nicht sind. Genau dadurch werden wir schuldig an uns, da wir unser von höherer Ordnung geschenktes Wesen verleugnen und statt innerer Erfüllung äußere Anerkennung, Bewunderung und Macht anstreben. Wir tauschen das wahre Glück unserer Unschuld gegen eine Fata Morgana des kurzfristigen Vergnügens ein. Diese Vergnügungen (Macht, Selbstherrlichkeit, Ehrgeiz, Berühmtheit, Attraktivität, Wichtigkeit ...) verlangen aber in der Welt der Menschen (fremdes Land) immer und immer wieder nach Bestätigung – ansonsten beginnen wir in den Momenten des Innehaltens etwas zu verspüren, das sich fürchterlich anfühlt: Das Gefühl, am eigenen Leben vorbeizuleben!

Depression und Burnout heißen die Krankheiten, die auf diesem Boden entstehen und in der Schulpsychotherapie übrigens statt mit dem Geheimnis des Meisters mit Psychopharmaka, also »Betäubungsmitteln für die Seele« »behandelt« werden ...

Der jüngere Sohn verlässt also seine Unschuld und findet sich in der Welt der Menschen wieder, in der er an seiner eigentlichen, also göttlichen Bestimmung vorbeilebend gezwungenermaßen zügellos im Umgang mit seinem wahren Wesen sein muss. Er kann also nur schuldig werden! Er versucht immer mehr und immer intensiver, das verlorene Glück durch trügerische Vergnügung einzutauschen und verschleudert so seinen wahren Wert, bis er ihn ganz verloren zu haben glaubt. Insgeheim beneidet er die einfachen Wesen, die unschuldigen (!) Kreaturen, die wie die Schweine im Gleichnis einfach nur ihrem Wesen gemäß fressen, weil sie hungrig sind, ohne irgendwelche anderen Maßstäbe anzulegen. »Aber niemand gab ihm davon!«, heißt es in der Geschichte: Weil die Welt dem schuldig gewordenen Menschen, also uns allen, das nicht geben kann, was wir bräuchten, um unsere Unschuld wiederzufinden, stürzen wir uns tiefer und tiefer in die Verstrickungen der Welt und damit in die Schuld, bis es kalt und dunkel um uns wird und uns der Boden unter den Füßen wegbricht. Dann nützen kein Reichtum, kein Ansehen, keine Berühmtheit mehr – dies alles sind Irrlichter der Welt. Kein Ersatzglück reicht mehr aus, uns glücklich fühlen zu lassen, weil am Ende jeder Vergnügung diese schreckliche Leere auf uns wartet, die uns die Sinnlosigkeit unseres Tuns vor Augen führt.

An diesem Punkt unseres Lebens angekommen – und jeder muss an diesem Punkt ankommen, da er Teil unseres menschlichen Entwicklungsprozesses ist –, haben wir Menschen tatsächlich die freie Wahl: Entweder gehen wir jetzt in die Nacht des Daseins – in psychische und physische Krankheit, ins Siechtum, ins langsame Sterben – oder wir kehren um zum Heil. Dazu bedarf es der Erkenntnis der Schuld.

Der Sohn, heißt es, geht in sich. Er beginnt, über sich nachzudenken, nicht über andere. Er sagt nicht: »Ach, wie gemein sind doch die Menschen! Welch bitteres Los habe ich gezogen! Mir ist eben kein glückliches Leben vergönnt!« Ganz im Gegenteil sucht er bei sich selbst den Grund seiner scheinbar ausweglosen Situation. Er geht in sich und erkennt seine Schuld, erkennt die Notwendigkeit der Rückkehr, also der Rückbindung an den Vater (Gott). Er erwartet nichts mehr, hat keine Vorstellungen mehr, keine menschlichen Wünsche, sondern entscheidet aus seiner Erkenntnis der Schuld heraus, sich die Unschuld wieder schenken zu lassen. Deshalb will er zum Vater sagen: »Vater, ich habe mich gegen den Himmel und gegen dich versündigt. Ich bin nicht mehr wert, dein Sohn zu sein; mach mich zu einem deiner Tagelöhner.«

Was in der Tradition der Kirchen und sicher auch in Ihrem Religionsunterricht als »Reue« ausgelegt wurde, die die Grundlage der Vergebung durch den Vater sei, ist etwas vollkommen anderes: Dem Sohn wird schmerzlich bewusst, dass er keine andere Chance als die Schuld hatte, als er in die fremde Welt aufbrach. Er musste im Menschsein an sich selbst schuldig werden, um aus der Schuld zur Liebe zurückzugelangen. Diese Liebe aber hat nichts mit Reue und

122

Vergebung zu tun, sondern ist ein Geschenk: unabhängig von der Verfehlung des Menschen, ungeachtet seiner Schuld.

Warum in der Schuld die Chance zum Neuanfang steckt ...

Weil der Sohn erkennt, dass es ohne diese Schuld gar keine Möglichkeit einer Rückkehr zum Vater gegeben hätte, wird die Schuld zum eigentlichen Segen in seinem Leben. Nur über das zwingend nötige Schuldigwerden kommt es bei uns Menschen also zur Wahlmöglichkeit, uns für die Rückkehr in die Unschuld zu entscheiden, die uns dann ohne jegliche Gegenleistung und jenseits irgendwelcher zu erfüllender Kriterien geschenkt wird. Wir können aber eben auch den anderen Weg wählen und in der Welt die Entschuldigung suchen, um dann entweder in blinder Projektion andere für die eigene Situation verantwortlich zu machen oder aber uns in brutaler Selbstanklage zu einem sinnlosen Tod zu verurteilen. Und genau dies sind die beiden Klententypen, die sich beladen mit ihrem Schuldthema in meine Praxis schleppen:

Die einen stehen kurz vor dem Selbstmord, weil sie keine andere Wahlmöglichkeit mehr in ihrem Leben sehen. Sie beschreiben Umstände und Menschen als verantwortlich für ihr verpfuschtes Leben. Gott und die Welt werden jetzt angeklagt, an ihrem schweren Los schuld zu sein. Die Projektion der Schuld ist so perfekt, dass endlos viele Therapeuten auf die Biografien solcher Klienten »hereinfallen« und tatsächlich im bösen Vater, in der gemeinen Mutter, dem infamen Ehemann oder der treulosen Ehefrau das Problem des Menschen sehen und ihm dummerweise beipflichten, dass er gerade eine denkbar schwere Lebenssituation durchmache. Hat der Mensch dieserart aber erst die Bestätigung für seine Projektion bekommen, können sie die Therapie getrost abbrechen: Sie haben ihm die Möglichkeit der Erkenntnis seiner Schuld genommen. Und ohne Erkenntnis ist nun mal keine Rückkehr möglich. Dann bleiben nur noch der Griff zum Rezeptblock und das Verordnen von Antidepressiva.

Die Biografie eines solchen Menschen endet in der Regel hier, weil jetzt gar nichts mehr geschieht, durch die blockierende Wirkung der Psychopharmaka auch gar nichts mehr geschehen kann und so der Zustand der kategorischen Schuldzuweisung und Ausweglosigkeit kultiviert wird. Statt Rückkehr in die Herrlichkeit der Unschuld bleiben Stagnation und Resignation in tiefer Schuld. Nur am Rande sei die Frage erlaubt: Wie schuldig werden eigentlich die, die durch chemische Drogen den Menschen den Zugang zum Glück verwehren und sich mit biochemischen Begründungen rechtfertigen, wonach die Blockade des einen oder anderen Neurotransmitters die Traurigkeit vermeide, die eigentlich aus Schuldgefühlen heraus entsteht?

Musste nicht der Messias all das erleiden,
um so in seine Herrlichkeit zu gelangen?
Lukas 24,26

So fragt der Meister seine Jünger auf dem Weg nach Emmaus. Und will damit nichts anderes sagen als: »Wie soll es denn einen anderen Weg zum Glück geben als den durch das Leid der Schuld hindurch? Versteht denn niemand, dass es in der Welt und ihren Methoden und Praktiken kein Glück, keine Herrlichkeit zu finden gibt?«

Die anderen Klienten in der Praxis, die nicht minder selbstmordgefährdet sind, erzählen von der ganzen Bandbreite ihres Versagens. Sie lassen wirklich kein gutes Haar an sich, sondern malen das tieftraurige Bild eines Menschen, der ein Unglück für seine Mitmenschen ist: Das Scheitern ihrer Beziehungen erklären solche Menschen als persönliche Unfähigkeit und erkennen darin einen eklatanten Mangel an Verantwortung für den Partner. Berufliche Brüche werden mit einem defizitären Pflichtbewusstsein begründet, mit persönlicher Faulheit und versteckter Oberflächlichkeit. Alles ist schlecht an diesen Menschen, zumindest, wenn sie sich selbst beschreiben. Sie geben sich an allem die Schuld und verurteilen sich deshalb täglich zum Tode. Solche Menschen haben jegliche Lebensfreude verloren oder müssen sie sich heimlich in Form von Süchten oder kurzzeitigem – nicht selten exzessivem – Vergnügen regelrecht antun. Solche Menschen werden natürlich von einem ethisch und religiös begründeten Moralverständnis auf verhängnisvolle Weise in ihrem selbstzerstörerischen Bild von sich bestärkt: Man ist leistungsstark, man erfüllt seine Pflicht, man hält Belastungen aus, man hält, was man versprochen hat (zum Beispiel ein Eheversprechen), man hat sich nicht wichtig zu nehmen, man hat seine Wünsche zurückzustellen, man hat dieses zu vermeiden und jenes zu tun, man muss den Erwartungen der anderen entsprechen, man hat darauf zu achten, was die Leute von einem sagen könnten, man hat die eigenen Bedürfnisse der Ehre der Familie unterzuordnen, man darf nicht, man tut nicht, man muss ...! Auf welcher Glückssuche befinden sich eigentlich solche Menschen? Oder anders gefragt: Was will der finden, der in der Wüste Schatten sucht?

Warum wir unschuldig werden, wenn wir unsere Schuld erkennen ...

Als der Meister von seinen Jüngern gefragt wurde, ob ein Mann, der von Geburt an blind war, wegen der Schuld der Eltern oder seiner eigenen Schuld blind geboren worden sei, gibt er ihnen eine scheinbar mysteriöse Antwort:

> Weder er noch seine Eltern haben gesündigt,
> sondern das Wirken Gottes soll an ihm offenbar werden.
>
> Johannes 9,3

Die Jünger sind ganz offenbar als gläubige Juden davon überzeugt, dass Blindheit im Sinne von Krankheit eine Strafe Gottes für vorausgegangene Schuld ist. Sie wollen verstehen, wie sich Schuldigwerden auswirkt und denken genau so, wie die meisten Menschen in über zweitausend Jahren des dunklen Spiels mit der Angst der Menschen vor dem richtenden Gott zu denken gelernt haben: Gott straft den Sünder für seine Taten.

Aber die Antwort des Meisters ist: »Nein«! Keine aktive Schuld, weder der Eltern noch des Blinden selbst, ist die Ursache für die Blindheit. Es gibt überhaupt keine externe Ursache für die Blindheit außer der Tatsache, dass der Mensch »von Geburt an«, also mit der Menschwerdung »blind« ist. Der Meister verwirft somit jeglichen Zusammenhang zwischen persönlichem Leid und der Schuld eines Menschen. Vielmehr geht es ihm um die noch nicht vorhandene Erkenntnis des in die Welt hineingeborenen Menschen (Blindheit), die sich erst ins Sehen (Erkenntnis) wandelt, wenn er sich aktiv aufmacht, sehend zu werden. Darum geht der Blinde in der Erzählung auch zum Teich Schiloach, was »der Gesandte« heißt und wäscht sich die Blindheit aus den Augen. Für den Meister sind wir »Gesandte« des Vaters, dessen Wirken an uns offenbar wird, wenn wir aus der Erfahrung der unausweichlichen Schuld aktiv eine Entscheidung für uns treffen und damit in die Unschuld zurückzukehren. Diese Entscheidung heilt uns, macht uns im übertragenen Sinn frei vom Leid, von der Begrenzung, von der Blindheit! Das ist Vergebung: Sich für sich entscheiden, zu sich stehen, sich in die Liebe begeben und damit in die Unschuld. Das ist Rückkehr, das ist Rückbindung und wäre der tiefste Sinn wahrer Religion.

Tatsächlich psychosomatisch krank wird folglich einerseits der Mensch, der nicht bereit ist, seine Schuld zu erkennen, sondern ausschließlich in der Schuldzuweisung, der Projektion lebt. Er wird zum pathologischen Jammerer und Selbstbemitleider, vor allem aber zum überzeugten Nichtentscheider. Diese Menschen sind psychisch und physisch dauerhaft krank, weil sie an der Selbsterkenntnis des eigenen Schuldigwerdenmüssens vorbeileben. Sie leben in einem leidlich funktionierenden Körper und sind doch längst schon tot! Von solchen Menschen hören Sie dann so Sätze wie »Ach, wenn nur alles vorbei wäre!« oder »Wenn das so weitergeht, will ich nicht mehr leben!«. Ich weiß, dass das jetzt sehr provokant klingt, aber denken Sie über den folgenden paradoxen Satz einmal ernsthaft nach: Wäre es für solche Menschen nicht tatsächlich leichter, tot zu sein …?

Aber auch die andere Gruppe wird im Umgang mit ihrer Schuld psychosomatisch krank werden und todsicher daran sterben, weil sie etwas nicht tut, was der Meister ihr anbietet: Diese Menschen leisten keine liebevolle Vergebung an sich selbst und sterben so in der Kälte der Gnadenlosigkeit ihrer Selbstanklage und Verurteilung. Sie lassen in sich keinen

Platz für Liebe und gehen genau daran zugrunde: an eklatantem Liebesmangel. Tatsächlich sehen Sie solchen Menschen diesen Mangel körperlich an: Sie wirken irgendwie verdorrt, welk, alt, grau. In ihnen blüht nichts, was sie nur selbst zu säen bräuchten, um im Überfluss zu ernten. Auch sie sind lebendige Tote, die längst zu leben und zu lieben aufgehört haben, ja sogar im eigentlichen Sinn des Wortes nie gelebt und nie geliebt haben.

Warum es tatsächlich so etwas wie eine glückliche Schuld gibt ...

»Mein Sohn war tot und lebt wieder«, sagt der Vater im Gleichnis und begründet damit gegenüber dem älteren Sohn das Fest, das er für den Rückkehrer feiert. Genau das ist es: Er vergibt nicht großzügig irgendeine Schuld, lässt nicht Gnade vor Recht ergehen, indem er den reuigen Büßer von Vaters Gnaden wieder aufnimmt und dessen Gefühl der Wertlosigkeit dadurch nur noch verstärkt. Nicht eine Vergebung des gnädigen Vaters macht den Sohn wieder lebendig, sondern dessen Einsicht, dass er durch die Tiefen des Lebens hindurchgehen musste, um seinen Weg, seine Bestimmung, sein wahres Wesen wiederzufinden, das ihm durch den Eintritt in die Welt der Menschen verloren gegangen war: »Er war verloren und ist wiedergefunden worden« – das ist das Geheimnis des Meisters: Jeder ist verloren und muss sich wiederfinden, wiederentdecken im Leid seines persönlichen Schicksals.

Dieses Leid verbirgt sich hinter vielen Lügen und Fassaden, etwa hinter der Fassade des Perfektionismus: Wer sich nämlich ständig schlechtredet, seine eigene Leistung abwertet, unerreichbar hohe Maßstäbe an sein Tun anlegt, verursacht sein persönliches Leid durch die Maßlosigkeit der Forderungen an sich selbst.

Oder hinter der Fassade der Selbstlosigkeit: Wer sich für das Glück und Wohlbefinden anderer Menschen verantwortlich fühlt, die selbst dafür einstehen könnten, verhindert deren Entwicklung einerseits und wird so schuldig. Andererseits aber geht er nicht den Weg ins Innere seiner eigenen Bedürftigkeit, nämlich sich selbst zu lieben, und wird so an sich schuldig.

Einen idealen Check up dieser Mechanismen finden wir übrigens im alten Persönlichkeitsspiegel des Enneagramms,[8] das uns schonungslos aufzeigt, wie wir unsere Schuld blind leben und uns hinter Fassaden verstecken, die uns mangels Erkenntnis in ein verbittertes Leben und ein ebensolches Sterben treiben würden.

Es geht dem Meister um das Wiederfinden unseres Wesens, unseres Seins. Es geht ihm um die Entdeckung des wahren Sinns unseres Lebens. Dazu brauchen wir aber keine Gurus, keine Priester, keine Lehrer, ja nicht mal Eltern, sondern dazu brauchen wir uns einzig und allein selbst: Aufwachen und erkennen, was sich in unserem Leben tut, die Zeichen unseres Lebens anschauen, unser eigenes Leben als Lehrmeister entdecken, unsere Verstrickungen, unsere Selbstbetrügereien, unsere Einstellungen, Prägungen, Erwartungen. In Anlehnung an den verlorenen Sohn können wir dann sagen: »Jetzt kann ich es sehen: Ich bin schuldig geworden gegen mich und meine innerste Bestimmung. Aber durch diese glückliche Schuld konnte ich einerseits erkennen, dass nur durch das Tor der Schuld der Weg zur Vergebung, damit zur Unschuld und zur grenzenlosen Liebe führt. Damit verliert die Schuld ihre lebensbedrohliche Seite und führt mich aus Starre und Tod ins Leben zurück. Andererseits erkenne ich in der Erfahrung der Schuld und den für mich dadurch entstandenen Nöten und Schmerzen meinen ureigensten Lebensweg, der mich wachsen und werden lässt. Wie der Meister muss ich durch die Erfahrung des Leids hindurch, um zur Herrlichkeit zu gelangen. Ich habe am falschen Ort meinen Schatz gesucht – in der Welt. Jetzt habe ich mich wiedergefunden – in mir selbst! Ich bin frei für die Rückkehr in eine andere Ordnung, als sie die Welt lediglich in Gestalt einer Illusion anbieten kann.«

Dieses Sich-Wiederfinden ist die Anerkennung der Schuld, an der wir nicht vorbeikommen. Und erst diese Anerkennung wird zur Befreiung von den Trugbildern der weltlichen Ersatzbefriedigungen, die uns nur immer tiefer in unsere persönliche Schuld hineinführen. Unerlöst fordert diese Schuld eine lebenslange Strafe, und zeigt sich in allen dunkelgrauen Biografien. Erlöst ermöglicht sie uns die freudige Rückkehr, anspruchslos, aber glücklich. Der Sohn, der sich so in der Welt verloren hatte, wie es jedem von uns mit der Geburt ergeht, entscheidet sich am Tiefpunkt seines Lebens zur Rückkehr in die Unschuld einer anderen, größeren Ordnung. Er entscheidet sich für sich und gegen die Lüge der Welt. Er will wieder vom Ertrag des Tages leben, als Tagelöhner, nicht von trügerischen Sicherheiten eines blinden und sorgenvollen Lebens. Und erst als er diese Einstellung des Kindes wiederentdeckt, wird er reich beschenkt: Wenn wir dieses Geheimnis des Meisters verstanden haben und danach leben, wird unser Leben zu einem Fest. Aber nicht nach den Regeln einer Gesellschaft der Gerechten und Heiligen, sondern im Sinne der grenzenlos Liebenden und Fröhlichen!

Katharina hatte nach drei Ehejahren ihren Mann gegen alle Ratschläge ihrer Familie verlassen, da er als Alkoholiker ihr Dasein und das ihres gemeinsamen zweijährigen Sohnes zur Hölle machte. Sie mochte ihren Mann immer noch sehr, war sich aber bewusst, dass es für das Kind besser sein würde, in unbelasteter Umgebung aufzuwachsen. Aus Furcht vor ihrem sehr katholischen Umfeld und dem Gerede der Leute ließ sie sich nicht scheiden, sondern lebte nur getrennt von ihrem Mann. Sie zog wieder bei ihren Eltern ein, die sich nun um den Buben kümmerten. Von da an verging kein Tag, an dem sich Katharina nicht den massiven Vorwürfen der Eltern ausgesetzt sah, eine Versagerin zu sein, die es nicht fertiggebracht hätte, dem Sohn den Vater zu erhalten. Da sich Katharina mittlerweile wieder in einen anderen Mann verliebt hatte, verstärkten sich in ihr schwere Schuldgefühle: nicht nur, dass sie nach Meinung aller eine Rabenmutter und davongelaufene Ehefrau sei, sie lebte auch noch den permanenten Ehebruch.

Zu allem Unglück starb der Vater ihres Sohnes vom Alkohol ruiniert wenige Jahre später. Jetzt wuchsen sich die Schuldgefühle ins Dramatische aus: Sie fühlte sich schuldig am Tod des Mannes, weil sie ihn aus ihrer Sicht im Stich gelassen hatte. Auch ihr eigener Vater ließ keine Gelegenheit aus, diesen schrecklichen Vorwurf oft genug zu formulieren. Und es kam noch schlimmer: Der Mann, den sie liebte, und der sie gebeten hatte, ihn zu heiraten, verstarb plötzlich an Herzversagen. Katharina glaubte nun felsenfest, dass sie auch diesen Menschen auf dem Gewissen hätte, da er seine Liebe über Jahre auf ihren Druck hin nicht offen hatte zeigen dürfen. »Sein

Herz ist daran zerbrochen«, sagte sie mir in der ersten Sitzung, »und ich bin daran schuld, ich weiß es!«

Katharina unternahm einen Selbstmordversuch und landete in der Psychiatrie. Nach ihrer Entlassung verfiel sie in schwere Depressionen und wurde vom behandelnden Arzt mit stärksten Psychopharmaka ruhiggestellt. Dadurch nahm sie extrem an Gewicht zu, wurde äußerst unattraktiv und fristete ihr Leben in einem permanenten Dämmerzustand, ohne eigene Meinung, ohne echte Entscheidungsfähigkeit, ohne Willen. Ein Alkoholiker aus ihrem Bekanntenkreis, der in ihr eine Möglichkeit sah, sich widerstandslos sexuelle Befriedigung zu verschaffen, überredete sie zur Heirat. Katharinas Leben schien nun endgültig in Sinn- und Bedeutungslosigkeit, in Lieb- und Herzlosigkeit zu versinken.

Normalerweise enden solche Biografien an diesem Punkt. Katharina aber lernte das Geheimnis des Meisters kennen und begann, ihr Leben zu verstehen. Sie verstand es zunehmend, sich als Individuum zu lieben und brach bald auf, in die Unschuld zurückzukehren. Innerhalb weniger Wochen reduzierte sie ohne Unterstützung ihres Hausarztes die Psychopharmaka, bis sie ganz frei davon war. Sie nahm ab, wurde wieder eine attraktive Erscheinung und fühlte sich in ihrem Körper wohl. Ihre Depressionen verschwanden vollständig und machten einer gelassenen Heiterkeit Platz. Die Ehe mit dem Alkoholiker beendete sie und ließ sich scheiden. Trotz einer Entlassungswelle am Arbeitsplatz schaffte sie es, ihre Anstellung zu behalten. Nach ihrer Scheidung fühlte sie sich frei und ging keine feste Beziehung mehr mit einem Mann ein, pflegt bis heute aber auch weiterhin den freundschaftlichen Umgang mit ihrem Ex-Mann.

In ihrer Familie hat sie deswegen allerdings noch schwerste Prüfungen zu bestehen: Eine Krebserkrankung des Vaters und versteckte Vorwürfe, ihr unstetes Leben sei der Grund dafür, rühren ebenso immer wieder an ihren Schuldgefühlen wie die Aussagen ihrer hartherzigen Schwiegertochter, die Katharina als »Gefahr für den Enkel« bezeichnet und ihr bis heute das Kind vorenthält. Auch der Sohn, der sich offen gegen die Mutter und ihren »Lebenswandel« ausspricht, hat sich von ihr völlig abgewendet und macht sie für viel Leid in der Familie verantwortlich. Aber Katharina hat aufgehört, den Sündenbock für andere abzugeben. Sie nimmt sich ernst, nimmt ihr Leben als ihren Weg an, hat sich vergeben und ist ausgesöhnt mit ihrem innersten Wesen. Wer sie sieht, kann kaum glauben, dass ihr so viel Hass und Ablehnung entgegenschlagen. Sie ist fröhlich und lebt jeden Tag bewusst und gerne. Sie ist in die Unschuld des Kindes zurückgekehrt, wo sie den Frieden bekommt, den ihr die Welt verweigert.

Die Transformation der Schuld

Glauben Sie mir, wenn Sie selbst sich auf diese Weise verwandeln, werden Sie stark: Sie halten dann viel mehr aus, strahlen einen echten inneren Frieden sowie eine kindliche Fröhlichkeit und Unbefangenheit aus. Sie machen sich keine Gedanken mehr, ob dieses oder jenes Verhalten bei den Menschen besser oder schlechter ankommt. Sie nehmen Ihr So-Sein an und entdecken genau darin Ihre Bestimmung. Dann wird es aber Menschen geben – und das können durchaus auch Familienmitglieder und engste Freunde sein –, die den Kopf über Sie schütteln werden und über Sie sagen: »Was für ein Naivling! Lebt in einer Traumwelt und meint, dies führe zu irgendetwas! Der wird noch träumen, wenn das Leben schon für ihn gelaufen ist!« Diese Menschen werden sich von Ihnen abwenden und binden sich ihrerseits fester an die Welt, von der Sie sich ja gerade lösen. Seien Sie darauf gefasst, dass man Sie für dumm erklärt. Oder aber man sagt Ihnen, Sie seien in die Fänge eines gefährlichen Therapeuten geraten, der Ihnen nicht nur Ihr Geld wegnehmen wolle, sondern auch noch Ihren gesunden Menschenverstand. Es gibt tatsächlich mehrere Männer von Klientinnen, die mich als Scharlatan bezeichnen, weil ihre Frauen plötzlich nicht mehr an so wichtigen Dingen wie Geld, Ansehen, Statussymbolen interessiert sind. Dabei verdrängen diese Männer nur ihre Angst, die neue Haltung der Partnerin könnte tatsächlich etwas mit wahrem Glück und weniger mit der Jagd nach Vergnügen zu tun haben. Und sie verdrängen im Übrigen auch ihre Schuldgefühle gegenüber dem Lebenspartner: »Wenn er sich schlecht fühlt, kann das ja auch an mir liegen, was durch die Therapie sicher zutage kommen wird!« Diese Angst vor dem Versagthaben und damit vor dem Schuldsein wird dann wieder verdrängt und auf den Therapeuten oder gleich auf Sie selbst projiziert. Ich wollte Sie nur schon einmal vorgewarnt haben ...

Die anderen werden feststellen, dass der Umgang mit Ihnen viel angenehmer als früher ist, weil Sie nicht mehr moralisch den Zeigefinger heben und über diese und jene Verfehlung anderer lästern. Sie sehen schon noch das Schuldigwerden anderer Menschen, sind also nicht auf diesem Auge blind, aber Sie verurteilen und richten nicht mehr. Es zeichnet Sie überhaupt aus, die Fehler der anderen nicht zum Thema Ihrer Konversation zu machen, da Sie gelernt haben, dass jeder Mensch seine Schuldverstrickung selbst und allein durch Erkenntnis überwinden muss, dazu aber eben nicht der moralischen oder ethischen Zurechtweisung anderer bedarf. Sie werden dadurch auffallen, dass Sie sehr wohl Leistung von sich und anderen einfordern, wenn diese möglich ist und durch Einsatz und Tat auch erbracht werden kann. Aber Sie werden dem schwachen Menschen sein Versagen nicht immer und immer wieder vorwerfen, ihn kleinmachen und damit demütigen. Das können Sie nicht mehr, weil Sie für jede Kreatur etwas empfinden, das stärker als alles ist, was Sie bisher gekannt haben: Liebe! Keine Angst, Sie werden nicht zum weltfremden Träumer, der nur noch an das Gute im Menschen glaubt. Das können Sie gar nicht, weil Sie in der Transformation der Schuld die ganze Tragweite Ihrer eigenen Schuld erkannt haben. Sie wissen aber, dass in jedem Menschen diese Schuld steckt, dass Sie mit ihm in der Schuld verbunden sind und deshalb jederzeit Richter und Angeklagter gleichzeitig sein können, wie es Dostojewski in den »Brüdern Karamasow« so beeindruckend und zugleich erschreckend skizziert hat.

Im Zusammenhang mit Schuld und Sühne werde ich in der Transformationsarbeit gerade von praktizierenden Katholiken immer wieder gefragt, ob das zweite Geheimnis des Meisters im Sakrament der Beichte der katholischen Kirche nicht eigentlich ideal verwirklicht sei. Schließlich komme der Schuldbeladene mit der Erkenntnis seiner Schuld in den Beichtstuhl, bekenne seine Schuld, bestätige seine Reue und bitte um Vergebung. Durch die Absolution des Priesters sei er frei von aller Schuld und könne wieder unschuldig neu beginnen. Sie dürfen mir glauben, dass es mir keinerlei Bedürfnis ist, Menschen ihrer kirchlichen Wurzeln zu berauben oder sie zu schlechten Kirchgängern zu machen. Warum gäbe es sonst dieses Buch über die Geheimnisse des Meisters? Aber um das Gelingen der Transformation des menschlichen Geistes heraus aus Angst, Schuld und Abhängigkeit nicht zu gefährden, müssen natürlich auch Praktiken hinterfragt werden, die oft Quelle neuer Ängste, neuer Schuldgefühle und neuer Abhängigkeiten sind. Dazu gehört bei Fragen der Schuld und Sühne ganz sicher auch die Frage nach der heilsamen oder unheilsamen Wirkung der Bußpraxis.

Wenn Sie das zweite Geheimnis des Meisters verstanden haben, können Sie sich die Antwort selbst geben: Wenn so mit Schuld umgegangen wird, »braucht« der Sünder den Vergebenden, um zum Heil zu gelangen. Dann ist er abhängig vom Freispruch des Richters. Er ist gefangen in seiner Schuld, aus der es aus eigener Kraft kein Entrinnen gibt. Zur Schuld kommt jetzt auch noch die Angst hinzu, keine Vergebung zu erlangen. Der Sohn im Gleichnis ist aber nicht ängstlich, als er zum Vater zurückgeht. Er ist es selbst, der den Neuanfang macht, nachdem er die Unausweichlichkeit seines Schuldigwerdens erkannt hat. Er ist es selbst, der in sich geht und sich seiner Schuld, aber auch der daraus entstehenden Lösungen bewusst wird. Er bindet sich zurück an die Unschuld des Kindes (er geht zum Vater) und bekommt – keine Absolution, sondern Liebe! Das ist der elementare Unterschied zur Bußpraxis der katholischen Kirche: Der Priester erteilt stellvertretend für Gott (Vater) dem Sünder (Sohn) die Absolution und spricht ihn frei. Der Vater im Gleichnis tut dies nicht: Er geht auf die Vorwürfe des älteren Bruders überhaupt nicht ein, sondern wiederholt nur, was er bereits den Knechten gesagt hatte: »Mein Sohn war tot und lebt wieder; er war verloren und ist wiedergefunden worden.« Er sagt damit eben nicht: »Mein Sohn ist wieder zur Vernunft gekommen und hat eingesehen, dass er Mist gebaut hat. Er hat zugegeben, dass er schuld an seiner Misere ist und dass er in liederlicher Weise mein Geld durchgebracht hat. Aber ich will ihm großzügigerweise vergeben, eben weil er einsichtig ist!« Nein, der Vater tritt nicht als moralische Instanz auf, die richtet und freispricht, verurteilt und vergibt, sondern er liebt einfach nur aufrichtig sein Kind.

Das zweite Geheimnis des Meisters kennt keine moralische Instanz, von der das Wohl oder Wehe des armen Sünders abhängig ist. Es wäre auch gar keine Selbstheilung des menschlichen Wesens möglich, wenn ein anderer die Macht über uns hätte, uns unsere persönliche Schuld, die bewiesenermaßen unausweichlich ist, zu nehmen oder sie bei uns zu lassen. Die Praxis der Übertragung der Lossprechung von Schuld auf andere Personen führt zu weiteren neurotischen Ängsten des Menschen, die ihn kränker machen, als er ohnehin schon ist. Fraglos ist das Gespräch mit einem psychologisch und spirituell versierten Menschen bei tiefer Verstrickung in persönliche Schuld äußerst hilfreich. Aber die Freisprechung und damit die Rückkehr zur Unschuld kann und darf nicht in der Hand eines anderen liegen, selbst wenn er behauptet, im Auftrag Gottes zu handeln und die Macht eines Sakraments in Händen zu haben, die zu binden und zu lösen erlaubt:

Amen, ich sage euch: Alles, was ihr auf Erden binden werdet, das wird auch im Himmel gebunden sein.
Und alles, was ihr auf Erden lösen werdet, das wird auch im Himmel gelöst sein!
Matthäus 18,18

Diese Aussage des Meisters, die von katholischer Seite als Rechtfertigung für die Absolutionspraxis, aber auch die Praxis des Ehesakraments durch den Priester aufgeführt wird, richtet sich aber nicht an Priester, sondern an alle Menschen. Der Meister sagt zu all seinen Schülern, sie hätten die Macht, zu binden und zu lösen. Und das heißt entsprechend des zweiten Geheimnisses etwas völlig anderes, als es die Tradition des kirchlichen Lehramtes vorgibt: Ausgehend von unserem Gleichnis des verlorenen Sohnes geht der Sohn ungebunden, also unschuldig in die Welt, an die er sich binden und somit schuldig werden muss. Diese Schuld verbindet ihn mit der Welt, mit seinem kleinen Ego, mit seinen Vorstellungen und Wünschen, mit seinen Erwartungen und Hoffnungen, mit seinen Prägungen und seinen Ideologien. Wer in diesen Bindungen oder Fesseln verstrickt bleibt, gelangt nicht zur freudigen Rückkehr in die Unschuld, kann nicht wieder Kind werden, das von einem liebenden Vater ohne jede Rechtfertigung und Erniedrigung umarmt und aufgenommen wird. Insofern bleibt der in Schuld Gefesselte im Unglück, während der die Schuld in persönliche Vergebung transformierende Mensch zum Heil, zum Glück, zur Freude, zur Liebe gelangt.

Die Erlösung aus der Unausweichlichkeit der Schuld ist das Lösen, von dem der Meister spricht: Diese Lösung führt zum Glück, zur Erfahrung einer bedingungslosen Liebe, die eben nicht an Voraussetzung wie Reue, Selbstgeißelung, Selbsterniedrigung gebunden ist. Und sie ist auch nicht an den Freispruch eines anderen Menschen gebunden, der mir die Absolution meiner Schuld erteilt. »Du, Mensch, bist frei, dich zu binden oder dich zu lösen!« – das ist die großartige und befreiende Wahrheit des Meisters. Und vielleicht würde er sagen:

»Mein Freund, du kannst dich für die Fesseln der Welt entscheiden, die dich immer tiefer in die Schuld verstricken werden. Es ist deine Entscheidung, dich an die Welt zu binden und ihren Lügen zu dienen. Wenn du das Glück im Irrtum suchst und dich an seine Unwahrheiten bindest, wirst du das ernten, was er zu bieten hat: Unglück und Schuld. Du kannst dich aber auch für die Lösung von den Fallstricken der Welt entscheiden. Du kannst die Entscheidung treffen, die Lügen der Welt zu entlarven und dich nicht mehr an Macht, Ansehen, Reichtum, Position, Aussehen binden. Du kannst die Fesseln der Schuld lösen, wenn du das Glück in der Wahrheit suchst. Und du wirst das ernten, was die Welt im Licht der Wahrheit zu bieten hat: Liebe!«

Wie bei der Angst als der vielleicht destruktivsten Kraft des menschlichen Bewusstseins bedarf es also ebenfalls bei der Schuld einer echten Transformation. Es geht nicht darum, Ängste zu verdrängen oder Schuld zu leugnen – das führt, wie wir gesehen haben, immer nur zu mehr Angst und Schuld. Alle Vermeidung vergrößert das Leid, alle Verdrängung bringt erschreckend ans Tageslicht, was verborgen bleiben sollte. Im Umgang mit Klienten, die ein Schuldthema mit sich herumschleppen, ist es deshalb für die meisten anfangs sehr irritierend, dass ich eben nicht wie ein psychotherapeutischer Ersatzpriester versuche, ihnen die Schuld zu nehmen, sie freizusprechen und quasi eine therapeutische Form der Absolution zu erteilen. Dies würde wie im kirchlichen Fall nur die Abhängigkeit des Menschen vom anderen und damit die Angst und Minderwertigkeitgefühle steigern. Wie bei der Angst ist die Transformation immer der Weg aus der Schuld in die Liebe. Gehen Sie übrigens davon aus, dass jeder Mensch ein Schuldthema mit sich herumträgt, das er über Jahre oder Jahrzehnte so sehr verborgen hat, dass es oft seine besten Freunde und Verwandte nicht kennen. Dieses Verbergen aber ist es ja gerade, das zu einem Zustand des Krankseins oder Krankfühlens führt, der sich in unterschiedlichsten Symptomen zeigen kann.

Ausgangspunkt der Transformation ist die Frage: »Welche konkrete Schuld belastet mich?« Kann der Klient die Schuld präzise beschreiben, frage ich weiter: »Wie kam es aus Ihrer Sicht zu diesem Schuldigwerden?« Jetzt geht es also nicht mehr um die konkrete Schuld, sondern um die subjektiven Umstände, die zum Schuldigwerden eines Menschen geführt haben. Daraus lässt sich in aller Regel sehr viel ablesen: etwa, ob der Mensch glaubt, dass er die Schuld hätte vermeiden können (was sich in massiven Selbstanklagen zeigt), oder ob er der Auffassung ist, dass sein Schuldigwerden eine geradezu notwendige Folge der Umstände war (was sich in der Regel in versteckten oder offenen Schuldzuweisungen gegenüber Dritten äußert). Es lässt sich an diesem Punkt der Transformationsarbeit also bereits sehr klar erkennen, ob sich der Mensch im Moment des Schuldigwerdens bereits seiner Schuld bewusst war oder ob er glaubte, richtig zu handeln.

> »Ich habe abgetrieben«, antwortete auf meine Frage nach ihrer Schuld Sandra, eine erfolgreiche und sehr intelligente Frau um die vierzig, die zu mir mit Brustkrebs kam und an den möglichen psychischen Ursachen der Krankheit arbeiten wollte. Sie weinte während dieses »Geständnisses« leise vor sich hin und man spürte die ganze Last der schweren Schuld, die sie seit Jahren trug. Sie erzählte dann von einer sehr unglücklichen Ehe, in der sie zu diesem Zeitpunkt gelebt hatte. Ihr Mann und sie – beide Akademiker – hatten sich für Karriere und

Beruf, für Wohlstand und Freizeit, nicht für Kinder und Familie entschieden, als sie plötzlich schwanger wurde. Zuerst habe sie ihrem Mann die Schwangerschaft noch verheimlicht, nach einigen Tagen aber beschlossen, ihn einzuweihen. Insgeheim hatte sie gehofft, er würde sich freuen.

Das Gegenteil aber war der Fall: Ihr Mann wurde wütend, beschuldigte sie, nicht aufgepasst zu haben und ihn mit dieser Schwangerschaft nur zu einem Kind zwingen zu wollen. Außerdem würde sie durch das Kind als Mitverdienerin wegbrechen, was das bereits angefangene Projekt des Hausbaus völlig gefährden würde. »Ich wollte das Kind wirklich haben«, schluchzte Sandra, »aber er hat mir gedroht, mich zu verlassen, wenn ich nicht abtreiben würde.« Schweren Herzens habe sie sich dann zu einer Abtreibung durchgerungen, weil es ihr undenkbar schien, ihre Ehe zu riskieren. »Ich wollte immer eine perfekte Ehefrau sein, eine perfekte Ehe führen und so meiner Mutter zeigen, dass ich zu etwas in der Lage bin, was sie mir sowieso nie zugetraut hatte!«

Beschreibt der Mensch die Umstände seines Schuldigwerdens, die Gründe, die aus seiner Sicht zur Schuld geführt haben, beginnt er zwangsläufig seine Schuld mindern zu wollen, indem er die eigentliche Schuld entweder bei anderen sucht oder aber sich selbst für sein Verhalten entschuldigt: »Ich wollte nicht, aber ich hatte keine andere Wahl!« In dieser Phase der Transformation den Menschen damit zu konfrontieren, dass diese Rechtfertigung nicht wahr sei, da er doch eine Wahl gehabt hätte und dass er ja schließlich sogar eine innere Stimme gehört hätte, die gesagt habe, er solle sich so und nicht anders verhalten, würde zum Ende jedes heilenden Prozesses führen. Das zweite Geheimnis des Meisters ist ja gerade die Anerkennung der Schuld und die Annahme der Unausweichlichkeit. In diesem Fall also bestätige ich dem Menschen, dass er sicher nicht schuldig werden wollte, aber tatsächlich vor dem Hintergrund der Umstände – eigentlich aufgrund seiner Blindheit – gar nicht sehen konnte, dass er eine andere Wahl gehabt hätte. Die Schuld war also unausweichlich.

> Ihr Mann sei der große Liebling ihrer Mutter gewesen, da er so gebildet, sehr besitzorientiert und erfolgreich war. Er entsprach dem Bild, das ihre Mutter von einem Mann für ihre Tochter gehabt hatte. Dass die Mutter ihr immer schon wenig zugetraut habe, hätte in ihr schon ein intensives Gefühl von Genugtuung entstehen lassen, als die Heirat mit dem gut aussehenden Akademiker anstand, meinte Sandra. »Ich habe mir gedacht: Soll sie doch mal sehen, was für eine tolle Partie ich da mache!« Mit der Androhung ihres Mannes, sie zu verlassen, falls sie das Kind austrage, habe sie alles zusammenbrechen sehen: Wenn diese Ehe nicht halten würde, wäre ihre Mutter die Erste, die sie, Sandra, der Unfähigkeit bezichtigen würde, eine Beziehung ordentlich zu leben. Ihre gesamte mühsam erbaute Welt von einer erfolgreichen Akademikerin und Ehefrau würde mit einem Schlag zusammenbrechen. Sie habe einfach keine Wahl gehabt: Sie musste das Kind verlieren, um nicht alles andere zu verlieren ...

Keine Wahl haben: Schuld entsteht nicht, sie ist immer schon da, wie wir eindrucksvoll im Gleichnis vom verlorenen Sohn erfahren haben. Mit der Geburt des Menschen geraten wir in ein Umfeld, das uns schuldig werden lässt, ohne dass wir tatsächlich etwas dafür könnten. Unsere Unschuld endet mit der Menschwerdung, mit dem Moment, wo wir seitens unserer Umwelt wahrgenommen werden. Wie bereits im Kapitel über die »Sehnsucht nach Glück« aufgezeigt, wachsen wir in bestimmte Erwartungswelten hinein, denen wir entsprechen oder die wir nicht erfüllen. Beides führt zu Schuld: Sind wir die Musterkinder, die den Wünschen unserer Eltern entsprechen, werden wir alles daran setzen, diese Erwartungen auch weiterhin zu bedienen. Damit wird unser Fremdbild zum Selbstbild und Lebensplan, unser wahres Wesen aber wird konsequent verleugnet oder sogar bekämpft. Wir werden schuldig an unserer eigentlichen Bestimmung.

Entsprechen wir aber so ganz und gar nicht den Vorstellungen unserer Eltern, erfahren wir früh, dass wir »unanständig«, »unmöglich«, »unerträglich« sind, dass wir ein »Unglück« für unsere Eltern sind und dass wir besser nicht geboren wären, also auch noch »unerwünscht« sind. Wir beginnen diese fürchterlichen Urteile zu leben und verinnerlichen sie als Glaubenssätze in unserem Unterbewusstsein. An all unser Handeln werden nun diese negativen Maßstäbe angelegt und wir bestätigen ein ums andere Mal, dass wir ein Unglück sind. Wir werden also schuldig an unseren wahren Möglichkeiten, indem wir ebenfalls an unserer wahren Bestimmung vorbeileben und die Urteile der äußeren Welt zu Wahrheiten unserer inneren Welt machen.

Ganz gleich wie wir uns verhalten, mustergültig oder missraten, wir werden in jedem Fall schuldig an unserer wahren Bestimmung. Deswegen muss der Mensch in der Transformationsarbeit des zweiten Geheimnisses erfahren, dass die Antwort auf unser gesamtes Leben immer nur Liebe sein kann. Es geht nicht darum, etwas wieder gut oder etwas immer wieder recht machen zu wollen. Es geht nicht um Selbstzerfleischung und Selbstvernichtung, aber auch nicht um Rechtfertigung und Selbsterhöhung. Es geht darum, sich selbst mit Liebe zu begegnen und bei sich anzufangen, die Unausweichlichkeit der Schuld von Geburt an zu erkennen. So wird es möglich, die Fesseln der Schuld zu lösen und der Liebe in Form von Vergebung allen nur erdenklichen Platz einzuräumen. Geschieht dies, beginnt der wahre Mensch zu wachsen, ja, er wird jetzt tatsächlich in seiner wahren Gestalt und seinem wahren Wesen wiedergeboren.

Erst wenn ich mir diese liebevolle Vergebung schenke, bekomme ich sie im Überfluss ohne jegliche Anstrengung und jegliches Zutun. Denn wer sich anstrengt, geliebt zu werden, lebt schon wieder in der Schuld. Liebe ist wie beim Vater im Gleichnis nicht die Folge einer vorangegangenen Tat (»ich liebe dich, weil ...«), sondern die vollkommen unlogische und sogar »unvernünftige« Aktion, die keiner Tat oder Bedingung vorher bedarf. Das zweite Geheimnis des Meisters befreit uns ein für alle Mal von einer unerträglichen Last, nämlich dass wir für unschuldig erworbene Schuld auch noch die Vergebung der Menschen brauchen (und nicht selten derer, die ohne es zu wissen an uns selbst schuldig geworden sind), um wieder geliebt zu werden. Wir bedürfen der tiefen Liebe zu uns selbst, die sich im zweiten Geheimnis als Vergebung zeigt: Wir vergeben uns die unausweichliche Schuld, die wir leben mussten, weil wir Menschen sind. Das Geschenk der bedingungslosen Liebe durch Dritte ist dann etwas, was wir freudig, aber ohne Erwartungen annehmen, unschuldig wie ein Kind, das nichts von seiner Schuld ahnt.

Nach der Abtreibung gingen Sandra und ihr Mann mit noch mehr Einsatz an die Verwirklichung ihrer materiellen Träume. Aus Karriere- und vor allem aus Geldgründen nahm er eine Position an, die ihn unter der Woche weit entfernt von zu Hause arbeiten ließ, was dazu führte, dass Sandra sehr viele Abende allein zubrachte, sich viele Haustiere zulegte und so versuchte, ihre wahren Gefühle zu verdrängen. »Ich habe jeden Abend nach der Arbeit so ein tiefes Gefühl der Leere in mir gespürt«, erzählte sie. »Es hat sich wie Schmerz angefühlt, wie Trauer, wie Verzweiflung!« Die Tiere gaben ihr das Gefühl, geliebt zu werden und selbst Zuneigung schenken zu können.

Als dann ihr Mann nach über zehn Jahren Pendelehe eine Position in der Nähe des Wohnorts annahm, eskalierten die Probleme: »Er hat mich behandelt wie eine Bedienstete, hat mich erniedrigt und auch körperlich misshandelt, wenn ich aus seiner Sicht für mein Verhalten bestraft werden musste.« Sie habe es dann irgendwann nicht mehr ausgehalten und sei trotz schwerster Vorhaltungen ihrer Mutter ausgezogen. Dann habe sie die Scheidung eingereicht und wollte versuchen, ein neues Leben zu beginnen. Der Befund »Brustkrebs« fünf Jahre nach ihrer Scheidung traf sie wie ein Blitz – »jetzt kommt die Strafe für die Abtreibung«, habe sie im ersten Moment der Realisierung dieser Diagnose gedacht. Aber es waren auch solche Gedanken in ihr: »Da erfüllst du immer nur die Erwartungen anderer und dann kommt so etwas! Alles war umsonst.«

In uns steckt der in der frühen Kindheit erworbene Glauben, dass wir für schuldhaftes Tun bestraft werden (müssen). Wir lernen, dass wir uns so und nicht anders verhalten müssten, um gelobt zu werden, bei Zuwiderhandlung aber mit Strafe zu rechnen hätten. Nicht selten fällt der erzieherisch so verhängnisvolle Satz: »Du bist selbst schuld daran, dass du jetzt derart bestraft wirst: Wer nicht hören will, muss fühlen.« Im Vorfeld solcher folgenschwerer Urteile wird oft von Eltern den Kindern gedroht: »Ich hab dich nicht mehr lieb, wenn du das nicht machst.« Wie ein solcher Satz bei einem unschuldigen Kind ankommt, können Sie sich aus der Erfahrung des hier Gelesenen vorstellen: »Wenn ich die Erwartung meiner Mutter/meines Vaters/meiner Eltern nicht erfülle, mache ich mich so fürchterlich schuldig, dass das Schlimmste passieren wird: Ich werde nicht mehr geliebt und werde sterben. Denn ohne Liebe überlebe ich nicht!« Das so denkende (eigentlich fühlende) Kind hat recht. Kinder ohne liebevolle Zuneigung gehen ein wie Blumen, die nicht mehr gegossen werden. Das Kind handelt demnach aus der festen Überzeugung, etwas zu tun, das zu Wärme und Geborgenheit führen muss. Es erfüllt die Bedingungen, die gestellt werden, um geliebt zu werden. Damit ist das ganze Rad der verhängnisvollen Schuld wieder in Schwung: Die schicksalhafte Verstrickung nimmt ihren Lauf.

In der Transformation der Schuld geht es an diesem Punkt angekommen darum, dem Menschen zu zeigen, dass es tatsächlich er selbst ist, der sich bestraft. Das zweite Geheimnis des Meisters kennt nämlich nicht den Ansatz einer Bestrafung durch den Vater, der selbst auf die Vorwürfe des älteren Sohnes mit keinem Wort eingeht, weil er es eben nicht zulässt, dass Verurteilungen und Strafen als Voraussetzung für die Wiederaufnahme einer Zuneigung und damit als der rechte Weg angesehen werden. Im Gegenteil erfahren wir im liebenden Vater bedingungslose Liebe anstatt Strafe. Das ist es: Aus der Erkenntnis der Unausweichlichkeit der Schuld gibt es für den schuldig gewordenen Menschen überhaupt keinen Platz für Selbstverurteilung und Strafe, sondern immer nur für die liebevolle Vergebung ohne Bedingungen. Nicht: »Wenn ich mich in Zukunft anständiger verhalte, werde ich mich wieder selbst mögen können«, sondern »weil ich erkenne, dass ich aus meiner Verstrickung heraus nur so und nicht anders handeln konnte, vergebe ich mir und beginne ein neues Leben, befreit von den Fesseln der erworbenen Schuld«.

Sandra erfuhr das zweite Geheimnis in seiner ganzen Größe: Sie begann über meditative Arbeit sich ihrer schicksalhaften Verstrickungen bewusst zu werden, verstand mehr und mehr die Welt ihrer Herkunftsfamilie, die ihrerseits in Schuld verstrickt nur so und nicht anders glaubte handeln zu können, und söhnte sich auf diese Weise innerlich mit ihrem bisherigen Leben, mit ihrer Mutter und ihrem Ex-Mann, vor allem aber mit ihrem eigenen Schuldigwerden aus.

Sie beschloss, ein Liebesritual für das abgetriebene Kind und sich selbst abzuhalten. Sie gab dem Kind einen Namen und schrieb über Monate Briefe an das Kind, in denen sie sich nicht rechtfertigte oder ihr Schuldigwerden erklärte, sondern dem Kind ihre Liebe erklärte, ihm dafür dankte, dass sie erst durch die Annahme der Schuld der Abtreibung in diesen Transformationsprozess gelangen konnte und in der Krebserkrankung das Symptom der Selbstbestrafung, des Liebesentzugs und der Unversöhnlichkeit mit sich selbst erkennen konnte. Alle Briefe waren an das Kind adressiert, verschlossen und wurden schließlich an einem besonderen Ort verbrannt und der Vergangenheit endgültig übergeben. Sandra denkt heute gerne an ihr ungeborenes Kind und empfindet tiefe Dankbarkeit für die Erfahrungen, die sie dadurch mit sich selbst machen konnte.

Mit der Anwendung des zweiten Geheimnisses kam das Glück in ihr Leben zurück: Die Knoten in ihrer rechten Brust wurden kleiner und kleiner, sie heiratete den Mann, der ihr sieben Jahre ein lieber Gefährte in dunkler Zeit war und bekam schließlich gemeinsam mit ihm eine faszinierende Stelle im Ausland angeboten, die sie annahm und dort glücklich und aktiv bis heute ihr Leben gestaltet.

Die letzte Frage, die ich im Transformationsprozess der Schuld stelle, ist: »Gibt es jetzt aus Ihrer Sicht noch irgendjemanden, der Ihnen vergeben muss, damit Sie in Ihr neues Leben unbelastet aufbrechen können, damit es gelingt und damit Sie glücklich werden?« Meistens ernte ich dann ein sehr heiteres Lächeln und die Antwort: »Ja, mich selbst! Sonst niemanden und nichts!«

Mit der Anwendung des zweiten Geheimnisses des Meisters kehrt der Mensch heiter und gelassen zurück in die Unschuld des Kindes. Er wacht aus einem dunklen Traum äußerer Unwahrheiten auf und stellt sich freudig in sein wahres Leben, so, wie er wirklich ist. Mit dem ersten Geheimnis erfährt er die Erlaubnis zum totalen Risiko, zum mutigen und aktiven Leben. Mit dem zweiten Geheimnis entdeckt er, dass aus der Erlaubnis zu leben die Notwendigkeit der Schuld zwingend einhergeht und er weder nach Schuldigen suchen noch nach Vergebung durch Dritte dürsten muss. Die Befreiung aus den Fesseln der Schuld durch innere Vergebung und damit durch Liebe ist der zweite Schritt ins Glück.

Mit dem dritten Geheimnis wird der Mensch nun die Erfahrung vervollkommnen, dass er ein einzigartiges, ein wunderbares, ein einmaliges Wesen ist, dessen Wert unabhängig von den Regeln dieser Welt unermesslich ist.

Um dies als ein tiefes Gefühl der Liebe zu sich zu spüren und dieses in sich wahrzunehmen, bedarf es nur noch der Offenlegung der letzten großen Gefahr, in die wir ebenfalls mit der Menschwerdung immer mehr und verhängnisvoller geraten: die Falle unserer Abhängigkeit ...

Das dritte Geheimnis:
Die Falle der
Abhängigkeit

Sich nichts unterwerfen, keinem Menschen,
keiner Liebe, keiner Idee,
jene distanzierte Unabhängigkeit wahren,
die darin besteht,
weder an die Wahrheit zu glauben,
falls es sie denn gäbe,
noch an den Nutzen, sie zu kennen –
dies, scheint mir, ist die rechte Befindlichkeit
für das geistige, innere Leben von Menschen,
die nicht gedankenlos leben können.

Fernando Pessoa, Das Buch der Unruhe, 1913–1934[9]

Seit wir Menschen existieren, versuchen wir glücklich zu werden, indem wir unser Herz an etwas binden. Die Bindungen oder Beziehungen, die wir zu Landschaften, Gegenständen, aber vor allem auch zu Menschen eingehen, sind nicht selten von so großer Tiefe und Innigkeit, dass wir uns nicht vorstellen können, ohne diese leben zu können. Machen wir uns nichts vor: Für die meisten von uns ist dies sogar eine sehr schöne Vorstellung, geradezu ein Ideal, derart mit etwas oder jemandem verbunden zu sein, dass wir einander regelrecht brauchen wie die Luft zum Atmen. Versuchen Sie erneut einen kleinen Schnelltest und überlegen Sie: Woran hänge ich? Was brauche ich für mein Glück? Wovon möchte und könnte ich mich freiwillig niemals trennen?

Vielleicht haben Sie sofort an einen Menschen gedacht: den Liebespartner, die Kinder, die Eltern, Geschwister, Freunde. Oder – und auch das ist legitim – Sie haben an Besitz gedacht: an das schöne Haus, das Sie gebaut haben, an das »schöne« Geld, das Sie sich auf Ihren Konten erspart haben, an die angenehmen Luxusgüter, die Sie sich im Laufe Ihres immer größer werdenden Wohlstands angeschafft haben. Aber vielleicht haben Sie auch an Ihre gesellschaftliche oder berufliche Stellung gedacht: an die tolle Position in der Firma, die Sie sich erarbeitet haben, die Macht über Menschen, die Ihnen ein Gefühl von Unabhängigkeit gibt, die Anerkennung im Ehrenamt, ohne die Ihr Leben so leer und unbedeutend wäre. Möglicherweise haben Sie an Ihr Aussehen gedacht, an die Schönheit und Attraktivität Ihres Körpers, der Ihnen so viel bedeutet. Jeder von Ihnen wird an etwas gedacht haben, das ihm wirklich und ehrlich wichtig ist. Jeder wird an seinen persönlichen »Schatz« gedacht haben, den er hütet, auf dem er sitzt, auf den er stolz ist, den er bewacht, mit dem er sein Wohl und Wehe verbindet.

Vielleicht erinnern Sie sich an den zweiten Teil der Filmtrilogie »Herr der Ringe«, in dem der kleine, unglückliche, verbittert-böse Gollum auf der Suche nach dem verloren gegangenen Ring ständig den Verlust seines Schatzes verzweifelt beklagt. Wie im Fieberwahn und eindeutig persönlichkeitsgespalten verbindet er sein Lebensglück mit dem Besitz des Schatzes. Sein Denken, sein Fühlen, sein Handeln – alles unterwirft er dem Schatz, der ihm somit Lebensinhalt und Lebenssinn, aber eben auch Quelle tiefster Depression und Verzweiflung ist. So ein Gollum steckt tatsächlich in uns allen: Wir binden uns an etwas, hängen unser Herz an etwas, machen unser Lebensglück von etwas abhängig, das wir als den Schatz unseres Lebens erkannt zu haben glauben.

Verschafft euch einen Schatz, der nicht abnimmt, droben im Himmel, wo kein Dieb ihn findet und keine Motte ihn frisst. Denn wo euer Schatz ist, da ist auch euer Herz!
Lukas 12,33–34

Der Meister hat mit diesem kleinen Satz »Wo euer Schatz ist, da ist auch euer Herz« unmissverständlich gewarnt: Achtet darauf, woran ihr hängt. Seid achtsam, was euer Denken, euer Fühlen, euer Herz in Beschlag nimmt. Seid euch dessen bewusst, dass ihr fürchterlich in die Irre gehen könnt, bindet ihr euer Herz an »Werte«, die nichts wert sind. Er will uns die Augen für etwas öffnen, das nicht gestohlen und zerfressen werden kann, etwas, das nicht materiell und nicht stofflich ist. Etwas, das immer bleibt.

Das dritte Geheimnis ist die Entdeckung unserer Abhängigkeiten, die unser Herz täuschen und den Weg zum Glück durch bunte Fassaden des Vergnügens und riesige Mauern der Sicherheit verbauen. Der Meister will uns in diesem Geheimnis zeigen, wie wir uns aus der Falle der Abhängigkeiten befreien, indem wir unseren »Schatz« anschauen, auf seine Werthaltigkeit prüfen und uns davon lossagen. Und er meint damit nicht nur Besitz und Geld, sondern eben auch Beruf und Position, Trugbilder und Äußerlichkeiten, aber vor allem auch – und das wird vermutlich die schwerste Kost für Sie werden – Beziehungen und Menschen.

Ich bin mir dessen vollkommen bewusst, dass jetzt viele Leser, die bisher noch den Weg des Meisters mitgehen und das dritte Geheimnis kennenlernen wollten, unsicher, vielleicht sogar ängstlich werden: Soll ich jetzt wirklich weiterlesen? An welchen lieb gewordenen und so vertrauten Gefühlen rüttelt er jetzt? Will ich überhaupt, dass mich das dritte Geheimnis des Meisters »packt« und meine Welt noch mehr auf den Kopf stellt?

Ich habe Sie bei den beiden ersten Geheimnissen ermutigt, nicht aufzugeben. Und ich tue es jetzt erst recht! Wenn Sie den Fluch der Angst in ihrem Innersten aufgehoben und sich von den Fesseln der Schuld befreit haben, kommt es jetzt zur letzten großen Transformation, die Ihnen das Tor zum Lebensglück weit aufstößt. Seien Sie einfach bereit für die Entdeckung eines wunderbaren Schatzes, dessen Wert alles übersteigt, woran Ihr Herz bisher gehangen hat: bedingungslose Freiheit!

Warum wir länger ein Baby bleiben sollten ...

Wenn wir von »abhängigen« Menschen reden, denken wir wahrscheinlich zuerst alle an Suchtkranke: Alkoholiker, Kettenraucher, Drogensüchtige, Sexsüchtige. Keiner in unserer Gesellschaft käme auf die aberwitzige Idee, diese Süchte als normal und unproblematisch zu bezeichnen. Im Grunde bedauern wir diese Menschen, da sie von ihren Süchten kontrolliert und gesteuert, programmiert und manipuliert werden. Tatsächlich richten abhängige Menschen ihr ganzes Leben an ihrer Sucht aus und machen das Objekt ihrer Sucht zum absoluten Mittelpunkt ihres Lebens, auch wenn sie dies selbst niemals wahrhaben oder gar zugeben würden. Der Alkoholiker etwa findet unendlich viele Gründe, Alkohol zu trinken und rechtfertigt seinen Konsum immer mehr und immer irrsinniger. Der Drogensüchtige denkt ausschließlich von Joint zu Joint, von Spur zu Spur, von Schuss zu Schuss. Dazwischen findet Leben statt, das aber immer nur die Übergangsphase zwischen zwei Konsumeinheiten ist. Beim Kettenraucher gibt es gar keine Kontrolle mehr, weil er nahezu jede Gelegenheit bekommt und nutzt, seine Sucht zu leben, obwohl er sich konsequent zerstört und mit jeder Zigarette seinen Hass gegen sich lebt. Und der sexsüchtige Mensch hetzt in seinen Gedanken, gejagt vom Trieb seiner ausschließlich körperlichen Befriedigung, seinen Orgasmen und seiner triebhaften Sucht nach pornografischen Einbildungen hinterher.

Alle eben Genannten sind zutiefst krank, und sicher geben Sie mir recht, dass diese Menschen dringend Therapie brauchen, damit sie von diesen verhängnisvollen Süchten befreit werden. Tatsächlich suchen einige dieser Menschen auch Hilfe, wenn sie merken, dass sie auf die finale Abhängigkeitskatastrophe zusteuern: den körperlichen und psychischen Zusammenbruch. Aber würden Sie mir auch beipflichten, wenn ich zu Ihnen sagen würde, dass Sie genauso dringend der Hilfe bedürfen, weil Sie genauso leben, genauso wahnsinnig, genauso getrieben dahinhetzen, genauso krank sind? Und würden Sie mir wirklich recht geben, wenn ich behaupten würde, Sie seien mit hoher Wahrscheinlichkeit von Ihrem Aussehen, Ihrer Sexualität, Ihren kreativen Fähigkeiten, Ihrem materiellen Besitz, Ihrer beruflichen und sozialen Position, Ihren menschlichen Beziehungen abhängig und dadurch lebensgefährlich krank?

Entwicklungspsychologisch könnte man jetzt einwenden: Moment einmal, der Mensch auf der Suche nach seiner Identität bindet sich doch an genau diese Faktoren: Körper, Sexualität, menschliche Beziehungen, Arbeit und Leistung, ideelle Werte, Träume und Wünsche, Kreativität. Schließlich entstehen so Selbstwertgefühl und Selbstverständnis. Was soll daran falsch sein? Gar nichts, würde ich erwidern, solange wir in unserer Entwicklung immer dazu ermuntert werden, dass uns neben den fraglos wichtigen Wurzeln des Halts auch die Flügel wachsen dürfen, um in die Freiheit zu fliegen. Freiheit ist aber nicht jene, die ins Bild, also ins Ideal der gerade gängigen gesellschaftlichen, politischen, religiösen, psychologischen oder sonstigen Ordnung passt. Freiheit ist schlicht die Erlaubnis, zu werden, was in mir ist – nicht werden zu müssen, was andere meinen, in mir zu sehen.

Machen wir wieder eine kurze Rückblende. Im Moment der Geburt ist in der Regel jeder Mensch wenigstens in den Augen seiner ihn gebärenden Mutter ein individuelles Wunder: Der Moment der glücklichen Geburt kennt keine Wertung, sondern nur die unendliche Euphorie, Zeuge des Wunders einer Menschwerdung zu sein. Für einen Moment ist bedingungslose Liebe zwischen Mutter und Kind, für einen Moment gibt es keine bedrohliche Welt um die beiden, für einen Moment existiert Glück. Wenn wir als Säugling auf die Welt kommen, haben wir keinerlei weltliche, materielle Abhängigkeit. Aber wir haben Grundüberlebensbedürfnisse wie nach Nahrung, Wärme, Sauberkeit. Als Babys können wir uns diese lebenswichtigen Dinge nicht selbst beschaffen oder geben, sondern sind in der Tat von Menschen abhängig, die uns dies entweder schenken oder verschaffen, schlimmstenfalls aber verweigern, was zu unserem unweigerlichen Tod führen würde. Wir haben also mit Beginn unseres Lebens Grundbedürfnisse, die ausschließlich mit unserem Überleben zu tun haben, die wir uns aber nicht selbst erfüllen können, weswegen wir der Zuneigung eines Menschen existenziell bedürfen. Stellen Sie sich etwa vor, Papst Benedikt XVI. wäre nach seiner Geburt von einer an AIDS erkrankten Prostituierten liebevoll großgezogen worden. Oder George W. Bush jr. wäre im Krankenhaus unmittelbar nach der Entbindung von einer afghanischen Amme, deren Mann mit den Taliban kollaborierte, in warme Tücher gehüllt und gestillt worden. Ich nehme an, Sie stimmen mir zu: Weder der eine noch der andere Säugling hätten aufgrund später erworbener sogenannter Wertvorstellungen diese Zuneigung zurückgewiesen. In diesem Alter gibt es keine Wurzeln, die verhindern, sich in die Arme eines Menschen fallen zu lassen, der anders denkt, anders fühlt, anders ist. Der Säugling ist ungebunden, unschuldig und unabhängig von Vorstellungen. Aber er ist eben vollkommen abhängig von menschlicher Wärme und Geborgenheit.

Wir halten also fest: In unserer frühesten Kindheit sind wir zwar zu einhundert Prozent abhängig von anderen Menschen, weil wir ohne sie sterben, jämmerlich zugrunde gehen würden. Aber wir lieben andererseits in dieser Phase unseres Lebens bedingungslos, da wir keine Maßstäbe an den Wert des Menschen anlegen, der unser definitives Überleben bedeutet. Darum rief der Meister auf die Frage der Jünger, wer im Himmelreich der Größte sei, ein Kind herbei, stellte es in die Mitte und sagte:

> Amen, das sage ich euch: Wenn ihr nicht umkehrt und wie die Kinder werdet, könnt ihr nicht in das Himmelreich kommen! Wer so klein sein kann wie dieses Kind, der ist im Himmelreich der Größte.
>
> Matthäus 18,3–4

Nur in der Phase dieser Unschuld sind wir wirklich frei von Vorurteilen, von denen unsere Bewertungen, Meinungen und Urteile später abhängen werden. In dieser Momentaufnahme unseres Menschseins sind wir in der Lage, tatsächlich jeden Menschen, ja jedes Lebewesen, so zu nehmen, wie es ist. Uns interessieren keine Umstände, keine Ideologien, keine Hautfarbe. Wir können nichts, nur lieben! Dies wieder zu erlernen, ist die rigorose Forderung des Meisters, um das Himmelreich (das Glück) zu finden.

Mit dem Erlernen der Sprache und der Fortbewegung, dem Erfahren von kulturellen, religiösen und gesellschaftlichen Regeln, werden wir – wie bereits anfangs beschrieben – immer weniger als individuelles Wunder gesehen, sondern man legt an uns die verschiedensten Schablonen an, mit denen wir verglichen werden: Sind wir körperlich wohlgeformt und schön? Sind wir intelligent und begabt? Eltern – auch wenn sie es niemals zugeben würden – wollten zu allen Zeiten dafür bewundert werden, wie besonders ihre Kinder sind, was so viel heißt wie: Sie wollen hören, dass ihre Kinder (im

Verhältnis zu anderen Kindern) herausragen. Das mag mal moderater, mal extremer ausfallen, jedenfalls ist der Wettbewerb der Abhängigkeiten auf dem Schleichweg über die Eitelkeit mit dem beginnenden Bewusstsein der Kinder schlagartig eröffnet. Denn mit den unzufriedener werdenden Eltern beginnen wir uns nun als Kinder und Jugendliche immer mehr und immer verbissener von jenen Dingen abhängig zu machen, die nichts, aber auch gar nichts mit dem tatsächlichen Glück in unserem Leben zu tun haben: Wir werden regelrecht süchtig nach Lob und Anerkennung, was sich in zunehmendem, nicht selten krankhaftem Ehrgeiz zeigt. Wir wollen immer mehr die Ersten sein, weil in unseren Augen der zweite Platz bereits der des Verlierers ist. Wir wollen stets besser aussehen als andere. Wir wollen frühzeitig mehr Geld und materielle Vorteile genießen und somit die Macht der Manipulation mit Materiellem erlernen, weil wir dadurch für andere interessanter werden als jene, deren Beutel leer ist. Kurzum: Mit jedem Jährchen unserer kurzen Kindheit und Jugend wachsen unsere Abhängigkeiten von Dingen und Empfindungen, später sogar von Menschen, während unsere Glückskurve exakt gegenläufig nach unten geht. Das merken wir zwar irgendwie, tun aber schon bald alles dagegen und töten unsere Wahrnehmung so perfekt ab, dass wir irgendwann glauben, wir müssten uns nur genug anstrengen, um glücklich zu werden.

Als Erwachsener finden wir uns dann in einer Welt wieder, die längst durch und durch von unseren Abhängigkeiten geprägt ist: Unser vermeintliches Glück ist abhängig vom idealen Partner, einer perfekten Familie, einer lukrativen und angesehenen beruflichen und gesellschaftlichen Position, sichtbar repräsentativem Besitz wie Haus oder Auto, genügend Geld, um sich alles leisten zu können, was das Leben angeblich angenehmer macht. Wir hängen an attraktivem Aussehen, intensiver Freizeit, besonderen Erfolgserlebnissen, die Bewunderung bei anderen hervorrufen, möglichst viel Anerkennung und irgendwie an dem Gefühl, wichtig zu sein.

Ein Blick auf die Fernsehunterhaltung von heute genügt, um zu beweisen, dass wir eine Welt der Superstars entstehen lassen wollen – in der es aber fast unmöglich ist, nicht unglücklich zu werden. Wenn ich zum Beispiel als musikalisch begabter Mensch die Bewertung meiner Fähigkeit zu singen von menschenverachtenden Castingshows und deren narzisstischen Juroren abhängig mache, sollte ich davon ausgehen, dass genauso wenig Glück per Garantieschein in mein Leben kommen wird wie Verstand in diesen Sendungen ist. Oder wenn ich als junge Frau die Bewertung meiner Schönheit an den selten dummen Kriterien von sogenannten Modelcastings messe, kann ich mir doch besser gleich das Zertifikat an die Wand hängen: »Ich bin hässlich, dick und doof! Ich kann nicht laufen, nicht reden, nichts ausstrahlen! Ich bin eine Missgeburt und sehe einfach nur scheiße aus!« Wenn Sie übrigens glauben, das sei jetzt gerade übertrieben gewesen, muss ich Sie enttäuschen: Dies ist ein Zitat aus einem Erstgespräch mit einer Fünfzehnjährigen, die wegen unerklärlichen Ängsten von ihren Eltern in meine Praxis geschickt wurde ...

Warum Einbildung keinesfalls eine Bildung ist ...

Wer ein Bild von etwas im Kopf hat und davon überzeugt ist, dass nur dieses Bild die Wahrheit ist, macht sich von dieser »Einbildung« abhängig. Er wird sich permanent mit diesem Bild vergleichen und entweder irgendwann feststellen, dass er es geschafft hat, ihm zu entsprechen. Das macht den Menschen dann kurzfristig zufrieden und stolz, zugleich aber auch latent ängstlich, das Erreichte wieder verlieren zu können. Oder aber der Mensch stellt fest, dass er der Einbildung keineswegs entspricht, dass er ihr nicht mal nahekommt und sein Wunschbild wohl nie realisieren wird. Dann beginnt ein Prozess, der mit immer größer werdender Unsicherheit anfängt, die sich zu neurotischen Komplexen auswächst und schließlich fast immer in gefährliche körperliche Symptome mündet.

Das zeigt sich vor allem im Zusammenhang mit allen Bildern, die wir Menschen von unserem Körper haben. Wenn wir dem Idealbild unseres Körpers nicht entsprechen, beginnen wir ihn zu vernichten – und der Methoden sind keine Grenzen gesetzt: Da ist die Frau, die sich zu wenig sexuell attraktiv findet und sich deswegen die Brust zuerst vergrößern, dann verkleinern lässt, um sich schließlich selbstmordgefährdet in meiner Praxis einzugestehen, dass sie es nicht ertragen habe, die »... ungeheure körperliche Attraktivität ihrer siebzehnjährigen Tochter Tag für Tag mit ansehen zu müssen«. Oder der Mann, der aggressiv und fast bösartig mit seiner vollkommen fertigen Frau in Therapie kommt, weil sie aus seiner Sicht krank sei, da sie seine sexuellen Wünsche nicht mehr befriedigen könne. Oder der depressive Siebzigjährige, der sich das Leben nehmen möchte, weil seine Erektionsfähigkeit in seinen Augen nicht mehr ausreiche, um seine jüngere Frau zu befriedigen. Gerade beim Thema Sex und Sexualität zerstören die Abhängigkeiten von Bildern im Kopf jede natürliche Schönheit körperlich zwischenmenschlicher Beziehung. Und wenn sich viele zwölfjährige Mädchen mittlerweile so kleiden, dass keinesfalls ihr Wesen, sondern allein ihr Körper zur Schau gestellt werden soll, sind sie im Kopf bereits von den krank machenden Bildern infiziert.

Am drastischsten erfahre ich dies in meiner Praxisarbeit bei Jugendlichen, die magersüchtig, bulimisch oder extrem übergewichtig sind:

>Ich bin hässlich – einfach nur hässlich und fett! Ich hasse mich!« Mit diesem Satz begann die siebzehnjährige Andrea ihre erste Therapiestunde. Sie war hochgradig essgestört und wog bei 1,80 Meter Körpergröße gerade mal 45 Kilo. Vor mir saß ein sehr intelligentes, eher schüchternes Mädchen, das verzweifelt in der Welt ihren Halt suchte. Sie erzählte mir von ihrem Freund, einem massiv alkohol-, drogen- und sexsüchtigen Zwanzigjährigen, dessen Leben nur aus Triebbefriedigung bestand und der sie deshalb immer wieder im Vollrausch regelrecht vergewaltigte. Sie könne sich aber von ihm nicht trennen, da sie ihn irgendwie doch liebe. Als sie drei Jahre alt war, war die Ehe ihrer Eltern in die Brüche gegangen, nicht sehr geräuschlos, aber auch nicht dramatisch. Ihre Mutter hatte wieder geheiratet und Andreas Stiefvater war ebenso wie ihr leiblicher Vater ausgesprochen liebevoll zu ihr. Mit der Pubertät kamen dann die Probleme: »Damals fing ich an, mich mit anderen Mädchen meines Alters zu vergleichen. Ich finde eigentlich jede schöner als mich. Meinen Bauch empfinde ich als zu

dick, meine Oberschenkel als zu fett, meinen Busen als zu klein, mein Gesicht als zu platt, meine Haare als zu lockig ... Nichts an mir ist gut!« Andrea erzählte, dass sie ihren Frust mal mit Schokolade und Süßigkeiten jeder Art, mal mit Pizza und Sandwiches zu bekämpfen versucht. Um nicht weiter zuzunehmen, habe sie sich gezwungen, nach dem Verzehr teils unglaublicher Kalorienmengen zu erbrechen. Eine Großpackung Toast, dick mit Käse und Schinken belegt, zwei oder drei Tiefkühlpizzas und danach zwei große Gläser Schokobrotaufstrich – kein Problem: »In mich hineinfressen – aus mir herauskotzen – das ist mein Rhythmus! Meine Traurigkeit fresse ich rein und meine Aggression kotze ich raus, toll, oder?«

Bei Andrea ging dies so lange, bis der Körper keine Nahrung mehr behalten konnte und der krankhafte Abmagerungsprozess begann. In den Kliniken für essgestörte Jugendliche wurde Andrea regelrecht zum Zunehmen gequält, Verhaltenstherapie der härtesten Sorte, mit dem Erfolg, dass sie sich schwor, sobald sie entlassen werden würde, wieder radikal abzunehmen.

Wir begannen, mit dem »Geheimnis des Meisters« an Ängsten, Schuld und Abhängigkeiten zu arbeiten: Behutsam lernte Andrea ihre wunderbaren Seiten kennen, ihre Talente und Fähigkeiten, ihre Einzigartigkeit. Ich versuchte ihr, die Angst vor dem falschen Bild im Kopf zu nehmen, dass eine junge Frau so und nicht anders aussehen müsse, um dem Schönheitsideal der Gegenwart zu entsprechen. Über Metaphern, Geschichten, Trancereisen und tiefe innere Erfahrung entdeckte sie ihre wahre Persönlichkeit. Sie begann sich so zu mögen, wie sie ist, hörte auf, sich zu vergleichen und sich von Fremdbildern abhängig zu machen. Sie wurde nicht nur vollständig gesund, sondern ist heute eine attraktive und auch in partnerschaftlichen Beziehungen selbstbewusste junge Frau. Sie hat ein klares Ziel vor Augen, ist authentisch und individuell geworden, sucht keine äußeren Maßstäbe mehr und hat sich von all jenen Trugbildern in ihrem Kopf befreit, die ihr eine fast zehnjährige Odyssee bereitet hatten.

Abhängig von seiner »Einbildung« zu sein, heißt sich einer großen Lüge auszuliefern: Wir sehen die Welt ausschließlich aus der einseitigen Sicht, die wir uns angeeignet haben, und sind damit blind für die Wahrheit, für die Vielfalt und den Überfluss, den die Welt uns bietet. Wenn nur noch die (häufig alles andere als authentischen) Superstars unser Denken und Wollen bestimmen, ist jedes »normale« Leben kein lebenswertes mehr. Jeder versucht etwas zu sein, das er nie und nimmer sein kann: »Glaubst du, dass sich die Schlüsselblume jemals bei der Orchidee beschwert, sie sei viel schöner?«, frage ich viele meiner Klienten. Und weiter: »Meinst du etwa, eine Rose käme auf die Idee, einer anderen zu sagen, sie sei viel zu gelb und ihre Blätter viel zu dick? Keine Katze macht ihr Katzenglück davon abhängig, ob sie grau, schwarz oder rot gefärbt ist. Und kein Berg sagt zum anderen, wie minderwertig er sich fühle, so niedrig wie er im Vergleich zu anderen sei.« Nur wir Menschen vergleichen uns und machen uns so abhängig von dem, was wir uns einbilden, verunsichern uns und werden dadurch krank an Leib und Seele.

Warum die Einladung zur Freiheit für viele wie ein Haftbefehl ist ...

Nicht nur unsere Einbildungen sind es, die uns abhängig machen und so das Glück und die Liebe sterben lassen, sondern auch Dinge, von denen wir überzeugt sind, dass erst durch sie das Glück in unser Leben kommen kann. Der Meister hat zur Veranschaulichung dieser »gefährlichen Ablenkungen«, an denen unser Herz hängt und das Tor zum Glück damit immer fester verschließt, das »Gleichnis vom Festmahl« erzählt. Aus ihm heraus erschließt sich wunderbar das dritte Geheimnis und eröffnet sein Angebot, uns von den Abhängigkeiten zu befreien:

Ein Mann veranstaltete ein großes Festmahl und lud viele dazu ein. Als das Fest beginnen sollte, schickte er seinen Diener und ließ den Gästen, die er eingeladen hatte, sagen: Kommt, es steht alles bereit! Aber einer nach dem anderen ließ sich entschuldigen. Der Erste ließ ihm sagen: Ich habe einen Acker gekauft und muss jetzt gehen und ihn besichtigen. Bitte, entschuldige mich! Ein anderer sagte: Ich habe fünf Ochsengespanne gekauft und bin auf dem Weg, sie mir genauer anzusehen. Bitte, entschuldige mich! Wieder ein anderer sagte: Ich habe geheiratet und kann deshalb nicht kommen. Der Diener kehrte zurück und berichtete alles seinem Herrn. Da wurde der Herr zornig und sagte zu seinem Diener: Geh schnell auf die Straßen und Gassen der Stadt und hol die Armen und die Krüppel, die Blinden und die Lahmen herbei. Bald darauf meldete der Diener: Herr, dein Auftrag ist ausgeführt; aber es ist immer noch Platz. Da sagte der Herr zu dem Diener: Dann geh auf die Landstraßen und vor die Stadt hinaus und nötige die Leute zu kommen, damit mein Haus voll wird. Das aber sage ich euch: Keiner von denen, die eingeladen waren, wird an meinem Mahl teilnehmen!

Lukas 14,15–24

Was passiert hier eigentlich? Irgendwie ist es schon seltsam, dass da ein Gastgeber offensichtlich Einladungen zu einem tollen Fest verschickt, dann aber keiner der Eingeladenen kommt. Jetzt will der Gastgeber aber unter allen Umständen sein Haus voll haben und holt deswegen jeden x-Beliebigen von der Straße, um sein Fest auf jeden Fall durchziehen zu können. Er will feiern um jeden Preis, ganz gleich, wer letztlich im Saal sitzt und es sich schmecken lässt! Seltsam, oder?

Eines ist ganz sicher: Dem Meister geht es nicht um Etikette und Höflichkeit, wenn er eine solche Geschichte erzählt. Er will nicht, dass die Menschen kopfschüttelnd zuhören und sagen: »Das gehört sich doch nicht, einfach abzusagen, nachdem man wohl vorher schon zugesagt hatte.« Nein, darum geht es ihm sicher nicht. Sein Geheimnis soll uns ja den Weg ins Glück öffnen, das er mal als »Himmel«, mal als »Festmahl« bezeichnet. Es geht also um eine Einladung an alle Menschen, glücklich zu werden. Der Gastgeber schenkt Glück – alles ist kostenlos –, jeder bekommt es im Überfluss, wenn er der Einladung Folge leistet. Deswegen soll der Diener nicht sagen: »Wollt ihr zu meinem Festmahl kommen?« oder: »Wenn ihr dies oder jenes tut, lade ich euch ein!«, sondern er sagt: »Kommt, es steht alles bereit!«

Erinnern wir uns an das zweite Geheimnis und die Befreiung aus den Fesseln der Schuld: Die Liebe des Vaters zum verloren geglaubten Sohn ist nicht an Bedingungen gebunden, sondern wird geschenkt. Grundlos, bedingungslos. Und

166

auch im ersten Geheimnis werden die Talente allen gegeben, ohne Angaben von Bedingungen: Auch da sagt der Gutsbesitzer ja nicht, dass er nur unter der Bedingung Geld ausleihen würde, wenn es vermehrt werden würde. Er gibt grundlos allen. Alle haben die gleiche Chance. So auch im dritten Geheimnis: Die Einladung zum Glück ergeht an alle ohne Grund und ohne Bedingung: Alle dürfen kommen und müssen nichts dafür tun.

Was aber sind die Gründe der Eingeladenen, nicht zu kommen, die »Einladung zum Lebensglück« auszuschlagen und sich auch noch dafür zu entschuldigen? Offensichtlich geht es dabei um drei gefährliche Fallen, in die wir Menschen tappen können und uns damit ums Glück bringen: Luxus, Statussymbole und Beziehungen.

Warum mehr Geld und Besitz nicht reicher machen ...

Der Erste hat einen Acker gekauft, den er ausgerechnet während des Festmahls besichtigen muss. Das könnte er auch am Tag darauf tun oder vorher. Nein, er gibt vor, exakt zum Zeitpunkt des Festmahls seinen Grundbesitz besichtigen zu müssen, weil er – das ist doch offensichtlich – am Festmahl gar nicht teilnehmen will. Nicht nur zur Zeit des Meisters, auch heute ist der Besitz von Grund und Boden, von Immobilien mit Luxus, Reichtum und Ansehen verbunden. Menschen, die über Wohnungen, Häuser, Ferienappartements, Liegenschaften verfügen, gehören zur wohlhabenden Klasse jener Bürger, die sich gern mit ihresgleichen umgeben, nicht mit Mietern oder gar Obdachlosen. »Asoziale« mögen sie in ihrer Nähe nicht. Als Bürger sind diese Menschen geachtet und gehen bei den politisch oder gesellschaftlich Mächtigen ein und aus. Deswegen speist ein Bundeskanzler mit Bankchefs und nicht mit Bettlern, die unter Brücken hausen. Deswegen sind Sie bei der Bank nur für ein Darlehen gut, wenn Sie Sicherheiten bieten können, idealerweise Grundstücke und Häuser. Deswegen werden in den Gemeinden und Städten diejenigen hofiert, die Grund besitzen und nicht die, die kein Zuhause haben. Sie können hinschauen, wo Sie wollen: Der reiche Grundbesitzer gilt etwas, der andere ist »bodenlos«! Zur Zeit des Meisters war dies genauso wie heute: Die der Oberschicht angehörenden Grundbesitzer arbeiteten nicht, sondern lebten von den Erträgen ihrer Güter, die von anderen bewirtschaftet und verwaltet wurden. Sie grenzten sich vom normalen Volk genauso ab, wie es unsere Oberschicht heute tut.

Aber der Meister geht schonungslos damit um: Wer getrieben von immer größer werdender Gier seinen Besitz ins Unermessliche mehren will, wird das Glück definitiv verlieren. Er hängt tatsächlich sein vermeintliches Glück an den materiellen Besitz, der ihm zwar Ansehen und Anerkennung im sozialen Umfeld einbringt, aber eben nicht das wahre Glück. Es geht sogar noch viel tiefer: Der absagende Grundbesitzer »entschuldigt« sich für sein Nichtkommen. Er sagt also, er habe keine Schuld, sondern müsse eben just während des Festmahls seinen neu erworbenen Grundbesitz besichtigen. Aber genau dadurch wird er schuldig, weil er willentlich und wissentlich etwas durch Gier wegnimmt, was allen gehören sollte: die geschenkte Welt! Unsere Erde, auf der wir leben, ist sie nicht auch ein Fest? Wenn wir die Schönheit der Natur ansehen, ihren maßlosen Überfluss und Reichtum – ist das nicht eine Einladung an alle Menschen, zu genießen und sich daran zu freuen? Es ist für jeden mehr als genug da, wenn wir es zulassen.

Auch wenn es der eine oder andere Leser nicht gerne hört: Wer Reichtümer anhäuft, macht sich schuldig, dass anderen die existenziellen Grundlagen des Lebens fehlen. Während etwa weite Teile des afrikanischen Kontinents sterbend dahinsiechen, bekommen Oligarchen, Manager, Politiker, Banker, Profisportler, Medienprominente den Hals nicht mehr voll und türmen Reichtümer auf Reichtümer. Wer glaubt, dass es keine Zusammenhänge zwischen immer mehr Reichtum auf der einen Seite und immer mehr Armut auf der anderen Seite der Welt gibt, belügt sich »entschuldigend« selbst. Gier erzeugt Not und Elend! Um dies nicht zu sehen, umgeben sich die »Schönen und Reichen« mit ihresgleichen und suchen in der Kälte ihrer Raffgier Glück, das sie immer nur in Form von neuem Erwerb und neuem Besitz finden können.

Genau deswegen will der Grunderwerber gar nicht zum Festmahl kommen, weil die Vorzeichen dort vollkommen anders sind als in den von den Menschen geschaffenen Systemen und Verhältnissen. Er will nicht gleich behandelt werden wie alle, sondern ein Bevorzugter seiner Welt sein. Er hängt sein Herz an Geld und Besitz und definiert seinen persönlichen Wert durch seinen Kontostand, sein Aktiendepot und seinen Immobilienbesitz. »Das kannst du haben«, sagt der Meister, »aber dann ist die Türe zum Glück für dich zu!«

Kein Sklave kann zwei Herren dienen; er wird entweder den einen hassen und den anderen lieben oder er wird zu dem einen halten und den anderen verachten. Ihr könnt nicht beiden dienen, Gott und dem Mammon.

Lukas 16,13

»Mammon« ist nicht redlich verdientes Geld oder ehrlich erworbener Besitz, sondern Reichtum, der auf unmoralischem Weg zustande gekommen ist. Wieder also geht es um Schuld und Schuldigwerden, wenn ich auf Kosten anderer wohlhabend werde. Und es geht um Geiz: Geld ist kalt und verlangt nach Kälte im Umgang mit anderen. Deshalb wird das Herz des Menschen, das am Mammon, am Besitz und Reichtum hängt, eiskalt und hart. Der einzige Ausweg für die so vom Geld abhängigen Menschen:

> Macht euch Freunde mithilfe des ungerechten Mammons, damit ihr in die ewigen Wohnungen eingehen werdet, wenn es mit euch zu Ende geht.
>
> *Lukas 16,9*

Der Meister erzählt als Beispiel für dieses »Sich-Freunde-Machen« ein äußerst seltsames Gleichnis. Dabei geht es um einen Verwalter, der nicht rechtschaffen arbeitet und deswegen seine Anstellung verliert. Vorher aber veruntreut er noch Gelder des Unternehmens, da er die Schuldbeträge der Gläubiger seines Arbeitgebers drastisch nach unten fälscht, um wenigstens von den Gläubigern nach seiner Entlassung gut behandelt zu werden. Dieses Verhalten lobt der Meister ausdrücklich und meint:

> Die Kinder dieser Welt sind im Umgang mit ihresgleichen klüger als die Kinder des Lichtes.
>
> *Lukas 16,8*

Vorsicht: Der Meister lobt nicht den Tatbestand der Veruntreuung oder Unterschlagung – darum geht es ihm nicht. Er verurteilt die Raffgier des Unternehmers, der »ungerechten

170

Mammon« angehäuft und dadurch Menschen zu Schuldnern gemacht hat. Dieses ungerecht erworbene Geld an die Menschen wieder zu verteilen, ist für ihn demnach der einzige Ausweg aus Gier und Geiz. Die »Kinder dieser Welt« tun also gut daran, sich ihres ungerecht erworbenen Reichtums bewusst zu werden und ihn an Bedürftige zu verteilen. Wer sich also eingestehen muss, dass sein Herz am Geld und Besitz hängt, dass er seinen Reichtum auf Kosten anderer steigert und er sich dadurch das wahre Glück verbaut, kann nur durch Schenkung und Großzügigkeit für die, die der Hilfe bedürfen, auf den Weg des Glücks zurückkehren. Nicht Almosen soll er geben, sondern in großem Stil hergeben, was ihm nicht gehört. Dann wird der Raum seines Herzens frei für die Liebe, in dem bisher nur Gier, Geiz und Neid zu Hause waren.

Warum mehr Ansehen und Wichtigkeit nicht wichtiger machen ...

Der zweite Geladene in unserem »Gleichnis vom Festmahl« entschuldigt sich auch und behauptet, er habe fünf Ochsengespanne gekauft und müsse diese nun genauer begutachten. Offensichtlich haben wir es hier mit einem Mann zu tun, dessen Herz an Statussymbolen hängt. Wenn er nämlich gleich fünf Ochsengespanne kauft, sagt er durch die Blume: »Entschuldige mal, ich habe Wichtigeres zu tun. Nicht ein Ochsengespann, nicht zwei, nein fünf habe ich gekauft – verstehst du – ich spiele in einer anderen Liga als du!« Stellen Sie sich vor, Sie laden einen guten Freund zum Abendessen ein, er aber sagt Ihnen mit der Begründung ab, er müsse leider zur gleichen Uhrzeit seine eben erworbenen fünf Sportwagen abholen. Was geht dann in Ihnen vor? Neid? Verachtung? Ein Gefühl von Kleinheit? Wenn er sagen würde, sein alter VW habe dummerweise den Geist aufgegeben und er müsse genau zum Zeitpunkt des Abendessens den neu erworbenen Gebrauchtwagen zweihundert Kilometer entfernt abholen, würden Sie sicher ganz anders reagieren: gelassen, verständnisvoll, unproblematisch. Warum?

Michaela ist siebenundzwanzig und die Erbin eines Familienvermögens, das durch unehrliche Arbeit entstanden ist. Dank einer Kreditkarte verfügt sie über uneingeschränkte Mittel, um sich ein extrem verschwenderisches Luxusleben leisten zu können. Sie fährt mehrere Porsche, hat Wohnungen in Deutschland, England, Amerika und Spanien. Ihre Kleidung ist nicht besonders schön, sondern besonders grell, vor allem aber exorbitant teuer, da sie bei Designern extra anfertigen lässt. Überhaupt fällt sie durch ausgefallene Mode, extravaganten Schmuck und eine sehr überhebliche Art auf. Sie arbeitet nichts, hat schon dreimal irgendein Studium an Privatuniversitäten angefangen, es aber immer wieder mangels anhaltenden Interesses aufgegeben. Allerdings war sie bei den Kommilitonen wegen ihrer Verschwendungssucht sehr beliebt, da die wildesten Feste auf ihre Kosten gingen, die rund um den Campus veranstaltet wurden. Sobald das Leben ereignislos zu werden droht, schafft sich Michaela durch Streit etwas mehr Aufregung im Leben. Als sie zu einer Eröffnungsparty eines Jet-Set-Friseurs nicht eingeladen wurde, erlitt sie einen Nervenzusammenbruch und wurde von der Mutter zu mir ins Coaching geschickt. Grundvoraussetzung: Ich müsse ihrer Tochter sagen, zu mir kämen die Promis aus ganz

Deutschland. Das täte ihr bestimmt gut. Als Michaela mit mir zu arbeiten begann, war sie nett und interessiert. Als ich auf die Geheimnisse des Meisters zu sprechen kam, wurde sie schon sehr viel nervöser. Als sie dann aber noch erfuhr, dass bei mir auch ganz »stinknormale« Menschen von der Straße in Therapie kämen, um an ihren psychischen Problemen zu arbeiten, brach sie das Coaching ab. Sie hatte nicht einmal den Mut, mir dies selbst zu sagen, sondern schickte eine unpersönliche E-Mail. Ich entsprach ihrer Sucht nach Besonderheit nicht, die Arbeit mit mir war kein Statussymbol für sie.

Wer sein Glück an »fünf Ochsengespanne«, den Porsche oder die Jeans von Dolce & Gabbana hängt, muss wissen, dass es von kurzer Dauer ist: Kaum hat man alle Augen durch das neue T-Shirt von Ed Hardy auf sich gezogen, taucht plötzlich eine Freundin mit einer atemberaubenden Sonnenbrille von Prada auf. Das Glückserlebnis, im Mittelpunkt des Interesses zu stehen, verglüht so schnell wie eine Sternschnuppe, da es zu einem immer stärkeren Bedürfnis wird und deshalb immer mehr Unglück erzeugt.

Michaela hatte es übrigens fertiggebracht, an einem einzigen Paris-Wochenende 80.000 Euro für Designerkleidung auszugeben, um fast alles wenige Wochen später für ein paar Euro im Second-Hand-Shop wieder zu veräußern, da ihre Freundinnen ihr auf einer Party mit anderen Designs deutlich die Show gestohlen hatten …

Menschen, deren Herz an Statussymbolen hängt, werden für die wirkliche Welt vollkommen blind. Sie sehen nicht mehr die Wahrheit, sondern die Täuschung. Sie leben den täglich wechselnden Geschmäckern einer sich prostituierenden Welt hinterher und verlieren jeden Boden unter den Füßen. Die Zerfallsdauer ihres Vergnügens wird immer kürzer und die Spannen des Fühlens von Unglücklichsein und Depression immer größer. Nicht selten steht am Ende solcher »Ochsengespannbiografien« ein vollkommen sinnloser Suizid, weil der einzige Ausweg aus der Gnadenlosigkeit der Welt des Konsums und der Statussymbole der Tod im Sinne der Selbstvernichtung ist.

Das dritte Geheimnis des Meisters sagt eindeutig: Löse dich von all diesen Lügen! Binde dein Herz nicht an Vergängliches oder gar Irreales, das keinerlei Bestand, keinerlei wirklichen Wert hat, keinerlei Glück schenkt:

Sammelt euch nicht Schätze hier auf Erden, wo Motte und Wurm sie zerstören und wo Diebe einbrechen und sie stehlen, sondern sammelt euch Schätze im Himmel, wo weder Motte noch Wurm sie zerstören und keine Diebe einbrechen und sie stehlen.
Matthäus 6,19–20

Unsere wurmstichig materielle Gesellschaft lebt uns das glatte Gegenteil vor und verführt damit Kinder, Jugendliche und Erwachsene zum Unglück: Ob Handy, Turnschuhe oder Auto – das haben zu müssen, was »in« ist, wird durch Marketing und Konsumdruck zum Credo für unglückliche Menschen, die im Moment, wo sich das ersehnte Ding in ihrem Besitz befindet, glauben glücklich zu sein. Sie verwechseln kurzes Vergnügen mit wahrem Glück und glauben, dass der etwas gilt, der etwas vorzeigen kann.

Warum Liebe blind macht und wir deswegen den Partner brauchen ...

Der dritte absagende Gast beim Festmahl hat eine besonders interessante Entschuldigung parat: Er habe geheiratet und könne deshalb nicht kommen. Ging es dem ersten noch um seinen Luxus und dem zweiten um seine Statussymbole, hängt dieser Mensch sein Herz offensichtlich an einen Menschen, seine Frau. Das, so werden Sie jetzt sagen, ist aber sicher nichts Schlechtes, oder? Wie soll denn eine vernünftige Partnerbeziehung zustande kommen, wenn nicht dadurch, dass beide ihr Herz gerne aneinander binden? Oder anders gefragt: Soll jetzt auch noch eine tiefe symbiotische Liebesbeziehung etwas sein, wovor der Meister warnt?

> »Ich kann mir ein Leben ohne meine Frau nicht vorstellen«, sagte mir Stefan, Ende fünfzig: »Sie ist immer für mich da, kümmert sich um mich, wenn es mir nicht gut geht, hört sich meine Sorgen an, ist außer bei der Arbeit immer an meiner Seite. Wir sind unzertrennlich, wie wir geschworen haben: bis dass der Tod uns scheidet!«

Das klingt wunderbar, finden Sie nicht? Es rührt einen, wenn ein Mensch über einen anderen so spricht. Es ist der Stoff, aus dem die schönsten und traurigsten Geschichten sind, wenn zwei Menschen eine Verbindung eingehen, die aus zwei Leben eines werden lässt. Sie kennen kein Eigenleben mehr, sondern existieren durch den anderen, sind wie ein Avatar, indem sie in der Person des anderen völlig aufgehen und in ihm leben. Logischerweise ist damit das eigene Wohlergehen ausschließlich mit dem des anderen verbunden und hängt davon ab: Man schenkt sich gegenseitig das Glück, den jeweils anderen zu haben. Genau diese Art der Partnerschaft wird von uns seit Jahrhunderten als ein Ideal angesehen und gilt als Innbegriff einer romantischen, manchmal sogar heroischen Liebe, wenn der eine sich tatsächlich selbstlos (!) für den anderen aufopfert.

Als ich Stefans Frau kennenlernte, konnte ich kaum glauben, was ich sah: Sie wirkte mindestens zwanzig Jahre älter als er, war aber um einiges jünger. Rein optisch hätte sie auch seine Mutter sein können. Wenn ich ihn etwas fragte, antwortete sie für ihn, wenn er etwas sagte, fiel sie ihm ins Wort, dass er das und jenes aber schon auch noch sagen müsse. Das gesamte Gespräch drehte sich nur um seine Probleme, die Ungerechtigkeiten der Welt um ihn herum und das große Glück, dass er eine Partnerin habe, die alles für ihn täte. Als ich die Frau fragte, wie es um ihren seelischen Zustand bestellt sei, antwortete sie mit einem Glanz in ihren Augen und sah dabei ihren Mann an: »Wenn es meinem Stefan gut geht, geht es mir auch gut. Mein ganzes Glück hängt an ihm. Deswegen ist unsere Liebe auch so tief!«

Der Mensch bindet sein Glück an andere Menschen und ist diesen damit emotional ausgeliefert. Er kann sich nicht mehr vorstellen wie es ist, mit sich allein zu sein, auf sich selbst gestellt zu sein. Er hat Angst vor der Einsamkeit, vor dem »Mit-Sich-Eins-Sein«, fühlt sich bei dem Gedanken an den Verlust oder die dauerhafte Abwesenheit des lieben Menschen verloren. Dabei geht es nicht immer nur um den Liebespartner, sondern oft auch um die eigenen Kinder, an denen die Mutter so hängt, dass sie sie nicht erwachsen werden lassen kann. Aber auch am Vater oder an der Mutter kann das

Herz eines erwachsenen Kindes derart hängen, dass es zu krankhaften Symptomen der Abhängigkeit kommt. Dass kleine Kinder sich binden und so fühlen, ist vollkommen richtig und auch wichtig: Sie wissen um die Notwendigkeit der Menschen um sich herum, die ihnen Geborgenheit und Halt, Wärme und Liebe schenken. Aber der erwachsene Mensch kann und darf diese Haltung nicht weiterleben, will er nicht Gefahr laufen, Schöpfer seines eigenen Unglücks zu werden. Auch wenn es hässlich klingt: Wir machen uns vom Besitz einer Beziehung abhängig und töten damit die Liebe in dieser Beziehung, indem wir sie durch die Angst ersetzen, die Bindung zu verlieren. Unser gesamtes Selbstbild wird durch die Beziehung definiert, dadurch erklären wir unsere Daseinsberechtigung, unsere Bedeutung, unseren Sinn.

> »Ich war abhängig von den Menschen, die so gut zu mir waren«, sagte eine ältere Klientin, die ihren Mann durch plötzlichen Herztod verloren hatte und sich krankhafte Vorwürfe machte, schuld an dessen Tod zu sein. Jahrelang fand sie keinen Halt mehr im Leben und stand mehrfach vor dem Suizid. Erst das Geheimnis des Meisters hat sie aus ihrer schier ausweglosen Gefangenschaft befreit, indem ihr ihre Abhängigkeit von der Zuneigung der Menschen bewusst wurde und sie sich davon Stück um Stück lossagen konnte.

Wegen einer Frau kann der Geladene nicht zum Glück kommen – so könnte man die seltsame Entschuldigung des absagenden Gastes übersetzen: Die Bindung an die Frau verhindert das fröhliche Fest des Glücks, weil er die Bindung an sie mit Glück gleichsetzt. Er ist sicher, dass die Beziehung zu diesem Menschen für ihn Sicherheit, Geborgenheit und Liebe bedeutet. Deshalb schlägt er eine Einladung aus, in der er keinen Sinn erkennen kann: Was soll daran so glücklich machen, mit verschiedenen Menschen zu feiern, wo man doch mit dem einen über alles glücklich ist? Erkennen Sie das Verhängnisvolle in dieser Aussage? Jetzt brauchen die beiden sich für ihr vermeintliches Glück, sind voneinander abhängig und werden dieses Gefühl mehr und mehr in ihrer Beziehung spüren. Aus dem Glück des Augenblicks wird Besitzanspruch gepaart mit Verlustangst. Wo aber Angst ist, ist keine Liebe, kann keine Liebe sein!

In meinen Paartherapien kristallisiert sich fast bei jedem Paar genau diese Problematik in verschiedenen Variationen heraus: Aus der ersten Faszination über den Partner, die sich in großer Verliebtheit zeigt, wird ein Besitzanspruch: »Du gehörst (zu) mir, also kann ich dieses oder jenes von dir auch erwarten.« In diesem Augenblick ist die Abhängigkeit perfekt: »Wenn du meine Erwartungen erfüllst, bin ich glücklich mit dir.« Es werden also erstmals Bedingungen gestellt – und die Liebe ist damit zu Ende. »Wenn du meine Bedingungen nicht erfüllst, bist du verantwortlich für mein Unglück!« Schuldzuweisungen, Erwartungen, Bedingungen bestimmen das, was anfangs als das große Glück betrachtet wurde. Da aber die Erwartungen eines jeden in der Paarbeziehung subjektiv und deshalb in letzter Konsequenz gar nicht erfüllbar sind, wird die Beziehung jetzt zur Sackgasse. Aus dem Glück des Augenblicks ist die Falle der Abhängigkeit geworden, in der man sich mehr und mehr tief unglücklich fühlt. Vorwürfe dieser Art fallen: »Wie kannst du so sein? Schließlich habe ich dir meine besten Jahre geopfert!« Erstmalig sagt der so enttäuschte Partner die Wahrheit, nämlich dass er aus seiner Sicht ein Opfer gebracht hat, für das er einen Dank erwartet hatte.

178

Tatsächlich opfern wir unser Lebensglück, wenn wir unser Herz so an einen Menschen binden, als stehe und falle mit ihm die Erfüllung unseres Lebens. Auch der Gast, der die Einladung zum Glücksmahl seiner jungen Frau opfert, wird ihr eines Tages vorwerfen, dass sie ihn daran gehindert habe, dorthin zu gehen. Dabei war er es allein gewesen, der dem Gastgeber abgesagt hatte. Er ist in die Falle der größten emotionalen Abhängigkeit von einem Menschen und damit der Bindung seines Herzens an ein anderes gegangen. Er ist genauso schuldig geworden, weil er aus Angst, den geliebten Menschen zu verlieren, für das wahre Glück blind wurde und es ausgeschlagen hat. Sagen wir nicht: Liebe macht blind? Und wie viel Wahrheit steckt in dieser Redensart, wenn wir sehen, wie unweigerlich uns diese Blindheit auf irrealem Weg vorbei an der Wahrheit der Welt durchs Leben irren lässt und wir oft erst sehend werden, wenn wir in die Falle der Abhängigkeit gestürzt sind und große Schmerzen haben: Seelisch und körperlich sind aus Liebenden Leidende geworden. Und sagen solche Paare in erschütternder Ehrlichkeit dann nicht über den jeweils anderen, sie könnten ihn »trotz allem noch gut leiden«? Dass sie ihn »lieben«, kommt ihnen nicht mehr über die Lippen ...

Die Transformation der Abhängigkeit

Auch wenn Sie jetzt ein wenig erschrocken und vielleicht sogar ratlos sind, weil Sie das dritte Geheimnis des Meisters in seiner Radikalität möglicherweise am meisten aufwühlt und zahlreiche Fragen aufwirft – bleiben Sie mutig: Fürchten Sie sich nicht!

Im Tarot gibt es eine seltsame Karte mit der Bezeichnung »Der Gehängte«. Sie zeigt einen jungen Mann mit Heiligenschein, der kopfüber mit seinem rechten Bein an ein Tau-Kreuz angebunden hängt. Sein linkes Bein ist angewinkelt und bildet somit eine auf den Kopf gestellte Vier. Seine hinter dem Rücken verschränkten Arme sind hinten am Kreuzesstamm angebunden. In meinen Therapien verwende ich gerne im Zusammenhang mit dem dritten Geheimnis diese Karte, um zu zeigen, was es eigentlich heißt, in einer Sackgasse zu sein, und wie die Lösung daraus aussehen könnte:

Das Tau des Kreuzes (Taw ist der letzte Buchstabe des hebräischen Alphabets) steht nach alter orientalischer Mythologie für die »Vollendung«, in der christlichen Mythologie aber auch für »Opfer«. Die auf den Kopf gestellte Vier steht dagegen nach pythagoräischer Zahlenlehre für die »Suche des Menschen nach Glück«. Der Heiligenschein steht für »Liebe«, die gebundenen Hände für »Unfreiheit und Gefangenschaft«. Auf einen Nenner gebracht: Der Gehängte symbolisiert den liebenden Menschen, der auf verkehrtem Opferweg die Vollendung seines Glücks sucht, sich dabei in die Gefangenschaft der Welt begibt und sich an das Falsche bindet. Die Lösung ist denkbar einfach, in der Umsetzung aber für viele Menschen im ersten Moment nicht nachvollziehbar: Machen wir uns frei von unseren Abhängigkeiten, beenden wir unsere Opferrolle, erreichen wir auf dem Weg der ungebundenen und bedingungslosen Liebe die Vollendung unseres Menschseins.

Vielleicht hilft Ihnen diese Deutung jener rätselhaften Tarot-Karte, um die Transformation der Abhängigkeit zu verstehen. Folgen wir aber nach diesem kleinen Exkurs wieder dem Verlauf des Gleichnisses des Meisters, um erstaunt festzustellen, dass dort genau das Gleiche angesprochen wird:

Der Gastgeber, der die Menschen zur Erfahrung dauerhaften Glücks eingeladen hatte, sich aber nur Absagen wegen bevorzugter anderer Abhängigkeiten seiner geladenen Gäste eingehandelt hatte, schickt jetzt seinen Diener aus, um jene Menschen von der Straße einzuladen, die man in der damaligen wie in der heutigen Gesellschaft zur Verliererklasse zählt: Besitzlose, Arbeitslose, Einsame, Kranke, Behinderte. Und als immer noch Platz im Festsaal ist, schickt er seinen Diener sogar außerhalb der Stadt, also zu den Ausgestoßenen, den Verachteten, den Geächteten. Jetzt ist der Saal voll, das Fest des Glücks kann beginnen! Und quasi als Fluch schiebt der Gastgeber hinterher, dass keiner der vormals Eingeladenen am Festmahl würde teilnehmen können. Was heißt das? Kommt das Glück jetzt zu denen, die es eigentlich gar nicht verdient haben? Oder noch provokanter: Kann man sich Glück überhaupt verdienen?

Die Antwort des Meisters ist eindeutig: Wir bekommen Glück ohne jeden Grund geschenkt! Es gibt keine Möglichkeit, sich durch Taten oder Leistungen das Glück zu verdienen. Im Gegenteil: Je mehr wir uns anstrengen, glücklich zu werden, desto unglücklicher werden wir. Das Glück kommt genauso unerklärlich, wie es für die von der Straße geholten Bettler, Lahmen und Blinden unfassbar war, zu einem für sie eigentlich unerreichbaren Fest geladen zu werden. Und noch mehr: Das Glück kommt ganz sicher nicht auf dem Weg der Bindung an die materiell-emotionalen Aspekte der Welt! »Keiner von denen, die eingeladen waren, wird an meinem Mahl teilnehmen!« Wer die Einladung des Lebens ausschlägt, wer sein Herz an die Welt und ihre Täuschungen hängt, festhalten und besitzen möchte, stellt die Zusage des Glücks durch den Gastgeber auf den Kopf und versucht seinerseits das Glück auf Irrwegen zu finden. Statt dankbar und staunend anzuerkennen, dass Glück nicht verdient, erworben, erheiratet werden kann, führt der Glück suchende Mensch einen sinnlosen Kampf mit der Welt der Vergnügungen, des Neids, der Gier und des Hasses. Er begibt sich in die Gefangenschaft seiner Emotionen und Einbildungen und sucht seinen Schatz vergeblich am falschen Fleck. Er wird tiefe Löcher graben, Blut, Schweiß und Tränen vergießen, wird Schmerzen erleiden und sich Wunden reißen. Seine wertvollen Kräfte werden schwinden, je älter und schwächer er wird, und eines Tages wird er entkräftet und in der Tiefe seines Herzens unglücklich sterben, weil er nicht gefunden hat, wonach er so fieberhaft und im Wahn des Glücks gesucht hat:

In Krakau lebte einmal ein frommer, alleinstehender Mann namens Izy. Ein paar Nächte hintereinander träumte Izy, er reise nach Prag und gelange dort an eine Brücke über einem Fluss. Er träumte, an einem Ufer des Flusses unter der Brücke stehe ein üppiger Baum. Er träumte, dass er gleich neben dem Baum zu graben anfing und auf einen Schatz stieß, der ihm Wohlstand und Sorglosigkeit bis an sein Lebensende sicherte. Anfangs maß Izy diesem Traum keine Bedeutung bei. Aber nachdem sich dieser wochenlang wiederholt hatte, deutete er ihn als Botschaft und beschloss, jene Nachricht, die ihm womöglich von Gott oder sonst wem geschickt worden war, nicht weiter unbeachtet zu lassen. Er folgte also seiner Eingebung, belud sein Maultier mit Gepäck für eine lange Reise und machte sich auf den Weg nach Prag. Sechs Tage später traf der Alte in Prag ein und begab sich gleich auf die Suche nach der Brücke über den Fluss am Rande der Stadt. Es gab nicht viele Flüsse und auch nicht viele Brücken, sodass er den gesuchten Ort schnell fand. Alles war genau wie in seinem Traum: Der Fluss, die Brücke, das Flussufer, der Baum, unter dem er graben musste. Nur eins war in seinem Traum nicht vorgekommen: Die Brücke wurde Tag und Nacht von einem Soldaten der kaiserlichen Garde bewacht. Izy wagte es nicht zu graben, solange der Soldat dort oben Wache schob, also schlug er in der Nähe der Brücke sein Lager auf und wartete erst einmal ab. In der zweiten Nacht begann der Soldat Verdacht zu schöpfen und er fragte den Alten, der da am Flussufer kampierte, nach seinem Vorhaben. Der hatte keinen Grund, ihm eine Lüge aufzutischen, und so erzählte er dem Wachmann, er habe diese weite Reise unternommen, weil er geträumt habe, dass hier in Prag unter einer gewissen Brücke ein Schatz vergraben liege. Der Wachmann brach in schallendes Gelächter aus. »Eine so lange Reise wegen nichts und wieder nichts«, sagte er. »Ich träume seit drei Jahren jede Nacht, dass in Krakau unter der Küche eines verrückten Alten namens Izy ein Schatz vergraben liegt. Ha, ha, ha, ha, ha. Denkst du, ich sollte nach Krakau reisen, um diesen Izy aufzusuchen und unter seiner Küche zu graben anfangen? Ha, ha, ha.« Izy bedankte sich freundlich beim Gardisten und trat die Heimreise an. Zu Hause angekommen, grub er unter seiner Küche ein Loch und fand den Schatz, der schon ewig dort verborgen lag.[10]

Paulo Coelho hat von dieser traditionell überlieferten Geschichte ausgehend seinen »Alchemisten« geschrieben und damit Weltruhm erlangt. Aber wirklich verstanden hat diese Geschichte wohl keiner, sonst hätte die Welt sich doch verändern müssen, oder?

Der Meister warnt vor einer ideologischen Einstellung, in

der es um die Verknüpfung von Leistung und Verdienst geht. Zu seiner Zeit waren es die Grundbesitzer und Pharisäer, die am Geld hingen und ihre Machtposition und Abgrenzung gegen die anderen Schichten der Bevölkerung durch äußeren Wohlstand zeigten. Damals wurde dieser Wohlstand mit der Vergeltung der guten Taten durch Gott begründet: Weil ich gut bin, schenkt mir Gott den Reichtum und meine machtvolle Position! Wenn man weiß, dass der Meister das Gleichnis vom Festmahl bei einer Essenseinladung im Haus eines früheren Pharisäers erzählte, bei der er von den anwesenden Pharisäern beobachtet werden sollte (Lukas 14,1), wird einem klar, wie groß seine Provokation gewesen sein muss. An der Stelle der Pharisäer stehen heute das ganze besitzorientierte System, das aus einem gierigen Kapitalismus und einem gefräßigen Kommunismus hervorgegangen ist, aber auch die gesamte Orthodoxie der Religionen, die dem Menschen Heil verspricht, wenn er die Regeln des religiösen Systems befolgt, Unheil aber, wenn er sie bricht. Ob der Meister heute noch eine solche Einladung bei der Kurie in Rom, beim russischen Präsidenten oder beim Vorstand einer Großbank bekommen würde, darf stark bezweifelt werden. Mit solchen »Spinnern« gibt sich die Klasse der »Eingeladenen« heute nicht mehr ab: Sie bestimmt die Welt und damit des Menschen Glück oder Unglück – so glaubt sie jedenfalls. Aber auch für jeden dieser Menschen kommt die Stunde, in der er an seinem ganzen Ballast des Besitzes und der Macht zu ersticken droht. Dann wäre er gerne Gast bei einem geschenkten Glücksmahl. Aber der Saal ist voller Menschen, die sich gerne haben einladen lassen. Dann ist kein Platz mehr für das ersehnte Glück: Jetzt schleicht die Angst ins Herz der Herzlosen – was, wenn es doch ein Fehler war, die Einladung abzulehnen?

Der Meister will keine Gesellschaft, in der die geachtet werden, die es zu etwas gebracht haben, einen schönen Titel führen, repräsentativ wohnen, teure Autos fahren und feine Kleidung tragen. Vor dem Gastgeber gibt es keine Welt der Sieger und Verlierer, sondern nur Beschenkte, Geladene, Geachtete. Wer Bevorzugung erwartet, hängt am falschen Kreuz!

Machen Sie sich in der Transformation der Abhängigkeit in Bezug auf materielle und ideelle »Güter« also frei davon, ihr Herz an Schätze zu hängen, die sich als Vergnügungen, Sicherheiten, Hirngespinste Ihrer Eitelkeit, Ihres Ehrgeizes, Ihrer Gier und Ihres Neides entpuppen. Schauen Sie genau hin, damit Sie erkennen können, woran Ihr Herz hängt, ob Sie wie der »Gehängte« auf falschem Weg das Richtige erreichen wollen, dadurch aber nie die Erfahrung vollkommener Freiheit werden machen können. Warum sich mit Blindheit strafen, um die Wahrheit nicht sehen zu müssen? Entlarven Sie Ihre materiellen und gesellschaftlichen Einbildungen: Es ist genauso wenig ein Glück, Multimillionär zu sein wie eine geachtete Persönlichkeit! Beides sind Ersatztäuschungen für die ausgeschlagene Einladung am Gastmahl vollkommenen Glücks. Beides macht Sie in letzter Konsequenz unglücklich, weil die Angst vor dem Verlust des Geldes wie die vor dem Verlust des Ansehens Sie einengt, eingrenzt und dazu bringen wird, andere abzulehnen, auszugrenzen. Ehe Sie sich versehen, zieht Sie die Abhängigkeit von Besitz und Anerkennung in die Fesseln der Schuld und in den Fluch der Angst zurück. Und statt das Geschenk des Lebens anzunehmen als die größtmögliche Einladung zum Glück, lehnen Sie dann ab und graben wieder Ihre schwarzen Löcher in die Welt, in der Sie nichts finden außer Dunkelheit und Finsternis.

Und der Meister warnt vor einer emotionalen Einstellung, in der die Bindung an einen Menschen verhindert, wirkliche Liebe zu erfahren. Er lehnt damit keinesfalls ab, in tiefer Liebe zu einem Menschen mit diesem das Geschenk des Glücks zu verdoppeln und damit den jeweils anderen als Bereicherung des Lebens zu erfahren. Aber eben als Geschenk und nicht als Besitz oder Verpflichtung. Er will uns ermuntern, ungebunden zu lieben, bedingungslos und frei. Das hat nichts mit sexueller Freiheit oder falsch verstandener freier Liebe zu tun, im Gegenteil. Es bedeutet, die Bindung an einen Menschen immer in Freiheit zu leben. Abhängigkeit von einem Menschen verhindert die Einladung zum Glück und ist die Wahl der Unfreiheit und Angst anstelle der Freiheit und des Mutes.

Die Transformation der Abhängigkeit von Menschen und deren Zuneigung ist ungleich schwerer als die Befreiung von materiellen und ideellen Ablenkungen. Aber wenn Sie sich trauen, Ihre Beziehung zu Ihren Kindern, Ihren Eltern, Ihrem Liebespartner, Ihren Freunden genauer unter der Lupe der Ehrlichkeit zu betrachten, werden Sie möglicherweise feststellen: Ich brauche diesen oder jenen Menschen für mich. Mir tut die Anwesenheit meiner Kinder gut – mir tut es gut, meinen alten Vater zu besuchen – mir tut die Zärtlichkeit meines Partners gut – mir tut die Fürsorge meines Freundes gut ...! Tun Ihnen als Eltern Ihre Kinder auch gut, wenn Sie so gar nicht dem Bild entsprechen, das Sie von ihnen haben? Denken Sie an die Zeit zurück, als Ihre Kinder nicht Ihren Vorstellungen entsprochen haben: Waren Sie dann verärgert und wütend über Ihren Sohn oder Ihre Tochter? Oder empfanden Sie einfach nur innige Liebe für sie? Tun Ihnen Ihre Eltern auch gut, wenn sie alt und gebrechlich zum Pflegefall werden und sich Ihr ganzes Leben dadurch radikal verändert? Oder gehören Sie zu denen, die dies erlebt haben und dann wie eine Klientin von mir sagen: »Es war der schönste Tag, als meine Mutter endlich von ihrem Leiden und wir von ihr erlöst waren.« Tut Ihnen Ihr Partner auch gut, wenn er ganz und gar nicht zu Ihren Vorstellungen passt? Wenn er Ihrem Bild vom idealen Mann und der idealen Frau nicht mehr entspricht und eine eigene Entwicklung beginnt? Denken Sie ein wenig in Ihre Partnerschaft hinein und suchen Sie Momente des Streits und der Lieblosigkeit: Haben Sie nicht gestritten, weil er oder sie Ihnen nicht guttat? Tun Ihnen Ihre Freunde auch gut, wenn sie Kritik an Ihnen üben, Sie ermahnen, Sie zurechtweisen? Denken Sie über die letzte Situation nach, in der Sie so etwas erlebt haben: Haben Sie nicht kurz daran gedacht, dieser Freundin oder diesem Freund die Freundschaft aufzukündigen?

Es geht um die Sucht – da haben wir sie wieder! –, unser Ich bestätigt zu fühlen. Das fühlt sich dann gut an, schmeichelt unserer Eitelkeit und unserem Selbstbild. Dafür brauchen wir den anderen Menschen – unsere Kinder, Eltern, Partner, Freunde. Und genau deswegen hängen wir unser Herz an sie, weil wir sie für unsere Selbstbestätigung brauchen, für unser kleines, zerbrechliches Ego, das auf dem Sand von Ideologien, Prägungen, Moral, Einstellungen, Vorurteilen und Überzeugungen gebaut wurde. Aber ist das Liebe? Was sagen wir denn, wenn wir solchen Menschen in einem Moment großer Innigkeit gestehen: »Ich liebe dich«? Flüstern wir ihnen nicht zwischen den Worten ins Ohr: »Ich danke dir, dass du dich so verhältst und mir damit so guttust«? Oder noch provokanter: Sagen wir dann nicht eigentlich: »Weil du so gut zu mir bist, liebe ich dich«?

Statt zu sagen: »Ich liebe dich, weil ich dich brauche«, könnte in der Transformation der Abhängigkeit die Liebeserklärung des einen Menschen an den anderen lauten:

»Ich liebe dich in der Gewissheit, dass du ein Geschenk bist, eine Einladung, ein Fest. Aber ich weiß auch, dass du nicht festgehalten werden kannst, dass ich dich nicht besitze und dich nicht an mich binden darf, wie du dich nicht an mich binden darfst! Ich weiß, dass wir vorübergehen wie die Jahreszeiten, dass unser Leben schmilzt wie der Schnee im Frühling und alle Augenblicke dahinfließen wie die Tropfen eines jeden Flusses. Ich liebe dich, weil ich dich nicht brauche, sondern jeden Tag aufs Neue als unverhoffte Einladung zum Fest des Glücks begreife. Ich habe dich nicht verdient, wie du mich nicht verdient hast! Ich komme und genieße dich als Geschenk, wie du kommst und mich als Geschenk genießt. Und wenn du morgen nicht mehr da bist, werde ich traurig sein, aber nicht verzweifeln, weil ich die Freude erfahren durfte, eingeladen zu sein. Und im Schmerz finde ich wieder nur die Liebe, aus dem tiefen Vertrauen auf das Geschenk des Gastgebers, als Mensch im Festsaal des Glücks geborgen zu sein. Und es erfüllt mich mit tiefer Dankbarkeit, am Fest der Liebe teilnehmen zu dürfen, wissend, dass ich keine einzige Bedingung dafür erfüllen muss, weil ich nicht eine davon erfüllen könnte!«

Wir sollten also – wo sonst – immer nur bei uns selbst beginnen: Die Transformation der Abhängigkeit von Menschen verlangt nicht die Prüfung des anderen Menschen (Kinder, Eltern, Partner, Freund), sondern die schonungslose Hinterfragung der eigenen Beweggründe für Kindesliebe, Elternliebe, Partnerliebe, Freundschaft. Die Transformation jeder Abhängigkeit beginnt wie im ersten und im zweiten Geheimnis des Meisters wieder und ausschließlich bei uns selbst: Wenn wir uns gegenüber ehrlich geworden sind, den Grund unserer gewählten Abhängigkeit von Einbildungen, Besitz, Stand und Beziehung erkannt haben, kann erst die

Befreiung von der Ichsucht stattfinden. Der Weg zum Gastmahl des Glücks führt nicht über den Gastgeber, der nochmals und nochmals bittet, doch den Weg zum Fest zu finden. Er führt nur über uns selbst: Ich muss erkennen, warum ich gerade im Begriff bin, das Glück abzulehnen und die Abhängigkeit zu wählen. Ich muss meine Triebe, Prägungen, und Einbildungen hinter meinem Denken anschauen. Erst dann kann ich eine ehrliche Entscheidung treffen. Das geht nicht mit Jammern und Beklagen, nicht mit Opferrolle und Sich-Hängen-Lassen, nicht mit Streiten und Kämpfen, nicht mit Beschuldigen und Verurteilen. Dies alles sind die Waffen der Welt und damit der Ichsucht und Lieblosigkeit. Es geht ausschließlich über die Erkenntnis, dass ich nichts dazu beitragen kann, mir dieses Glück der Liebe zu verdienen, nichts einbringen kann, um bedingungslose Liebe zu erfahren, nichts tun kann, um das Geschenk der Liebe zu rechtfertigen und schon gar nicht erwarten kann, für meine Liebe Gegenliebe zu bekommen:

Euch, die ihr mir zuhört, sage ich: Liebt eure Feinde; tut denen Gutes, die euch hassen. Segnet die, die euch verfluchen; betet für die, die euch misshandeln. Dem, der dich auf die eine Wange schlägt, halt auch die andre hin, und dem, der dir den Mantel wegnimmt, lass auch das Hemd. Gib jedem, der dich bittet; und wenn dir jemand etwas wegnimmt, verlang es nicht zurück. Was ihr von anderen erwartet, das tut ebenso auch ihnen. Wenn ihr nur die liebt, die euch lieben, welchen Dank erwartet ihr dafür? Auch die Sünder lieben die, von denen sie geliebt werden. Und wenn ihr nur denen Gutes tut, die euch Gutes tun, welchen Dank erwartet ihr dafür? Das tun auch die Sünder. Und wenn ihr nur denen etwas leiht, von denen ihr es

zurückzubekommen hofft, welchen Dank erwartet ihr dafür?
Auch die Sünder leihen Sündern in der Hoffnung, alles
zurückzubekommen. Ihr aber sollt eure Feinde lieben und
sollt Gutes tun und leihen, auch wo ihr nichts dafür erhof-
fen könnt. Dann wird euer Lohn groß sein, und ihr werdet
Söhne des Höchsten sein; denn auch er ist gütig gegen die
Undankbaren und Bösen. Seid barmherzig, wie es auch
euer Vater ist!

Lukas 6,27–36

Genau diese Aussagen des Meisters sind es, die weder Politiker noch Päpste, weder Manager noch Banker, weder
Paare noch Einzelpersonen gerne hören. Denn unmissverständlich wird uns die Transformation vor Augen geführt:
Nichts erwarten, nichts kalkulieren, nichts berechnen – dies
ist Freiheit von Erwartungen, Lebensplanungen, Fixierun-
gen. Sich nicht abhängig von solchen Einbildungen zu machen, führt in die unendliche Freiheit des Lebens. Es führt
uns aus der Blindheit und Verblendung zur Wahrheit und
damit zum Sehen:

Um zu richten bin ich in diese Welt gekommen: Damit die
Blinden sehen und die Sehenden blind werden.

Johannes 9,39

Dann öffnen sich die Tore zum Festsaal des Glücks, in dem es
keine Bevorzugten, Bessergestellten und Privilegierten mehr
gibt. Hier herrscht keine ausgrenzende Umarmung des einen
und abweisende Verachtung des anderen Menschen mehr,
sondern nur noch das reine Glück der Liebe. Weil alle
schwach sind, hat keiner die Möglichkeit zu behaupten, er sei
»zu Recht« eingeladen, dieser aber nicht. Keiner hat das Pri-

vileg des Glücks: Allen wird es geschenkt, wenn sie loslassen und die Falle der Abhängigkeit hinter sich lassen.

Wenn aber Angst, Schuld und Abhängigkeit transformieren, beginnt eine andere Kraft als die der Zerstörung zu wirken, eine Kraft, die alles möglich macht, was immer wir uns vorstellen können, eine Kraft, die als Quintessenz der Transformation allein auf dem Boden des Mutes, der Vergebung und der Freiheit keimen kann: die Macht der Liebe!

Quintessenz:
Die Macht der Liebe

... doch alles, was uns anrührt, dich und mich,
nimmt uns zusammen wie ein Bogenstrich,
der aus zwei Saiten eine Stimme zieht.
Auf welches Instrument sind wir gespannt?
Und welcher Geiger hat uns in der Hand?
O süßes Lied.

Rainer Maria Rilke, Liebeslied, 1907[11]

Warum fasziniert uns die Liebe dermaßen? Warum ranken sich die schönsten und tragischsten Geschichten der Menschheit um sie? Warum verzehren sich Dichter und Sänger nach ihr, vor allem, wenn sie in Gestalt einer begehrten Frau besungen wird? Warum entstehen aus Liebe unsterbliche Werke der Literatur, der Malerei, der Bildhauerei, der Musik? Und warum wird aus Liebe hasserfüllter Krieg geführt, aber auch tiefer Frieden geschlossen? Warum lässt leidenschaftliche Liebe Leben entstehen und hat keine Skrupel, es auszulöschen? Warum ist sie eine Quelle wundersamer Kraft und zugleich größtmöglicher Schwäche?

Oder täuschen wir uns einfach nur? Ist das vielleicht gar nicht die Liebe, die wir als vermeintlich magische Kraft in uns spüren und von der wir glauben, sie sei die Triebfeder all unserer Lebensgeschichten, Siege, Niederlagen, Dramen und Tragödien? Ist es möglicherweise eine ganz andere Kraft, die uns dazu bringt, über uns hinauszuwachsen? Oder ist es gar nur ein irgendwie kultivierter Trieb, der seine andauernde Befriedigung sucht – sei es im Schaffen und Erschaffen oder in der Störung und Zerstörung?

Die Unmengen von Büchern, die derzeit zum Thema »Liebe« auf den Markt geworfen werden, versuchen entweder das Phänomen zu entzaubern, indem alles, was mit Liebe zusammenhängt, auf die Biochemie des Menschen zusammengedampft wird, oder aber man erklärt Liebe mit pseudodarwinistischen Entwicklungen, bezieht sich dabei auf Insekten und Reptilien, als ob die menschliche Liebe auch nur im Entferntesten etwas mit Ameisen oder Eidechsen gemeinsam habe. Wer die Liebe auf derart banale Weise seziert, steht am Ende wie der Gerichtsmediziner vor einer Leiche, deren Todesursache er zwar erklären kann, die er aber nicht mehr lebendig machen kann. Der Versuch, die Liebe zu erklären, zu definieren, ihren geheimen Code zu entziffern, ist so unsinnig und unmöglich wie der hilflose Versuch, Gottes Existenz durch wissenschaftliche Beweise untermauern oder verneinen zu wollen. Was nicht begreifbar ist, sollte der Mensch nicht anfassen! Für uns Suchende ist dies sowieso kein Weg: Wir entdecken im Mysterium das Berührende, das Packende, das Umwerfende. Und dass die Liebe ein Mysterium ist, wird jeder bejahen, der schon einmal die Grenzenlosigkeit dieses unbegreiflichen Wesens in sich erfahren hat: im Erleben einer Geburt, im Angesicht des Todes ...

Alle Liebe hat etwas mit Beziehung zu tun – mit der unerklärlichen Anziehung, die zwischen dem einen Menschen und einem anderen entsteht, sich vertieft und irgendwie alles zwischen diesen Menschen zu bestimmen scheint. Wenn Sie jetzt sagen, Liebe sei doch nicht nur eine Sache zwischen Menschen, sondern könne genauso gut zwischen Mensch und Tier bestehen, man könne sein Land innig lieben, seinen Fußballverein oder sein Haus, dann haben Sie im Kapitel über das dritte Geheimnis des Meisters erfahren, dass dies nicht Liebe, sondern Gewohnheit, Verlustangst, Ersatzbefriedigung oder pure Manipulation ist, wie es etwa am Beispiel der Vaterlandsliebe und der damit einhergehenden Kriege in jedem Geschichtsbuch nachzulesen ist.

Als mir eine gute Bekannte vor Kurzem sagte, man könne die Liebe niemals für alle Menschen empfinden, hatte sie regelrecht Mitleid mit mir. Mein Glaube an die Liebe sei ein idealistischer und irrealer Traum, der noch nie funktioniert habe: »Schau dir die Menschen an, die sich lieben«, sagte sie. »Sie umarmen sich – und zeigen damit unbewusst, dass sie nicht alle Menschen gleichermaßen in die Arme schließen, nicht alle gleich lieben können.« Ich habe versucht, sie davon zu überzeugen, dass es keine Liebe sein kann, wenn sie ausgrenzt: »Alles Ausgrenzende grenzt immer auch die Liebe aus«, versuchte ich zu argumentieren, aber es war umsonst. Sie ist engagierte Christin, ihrer Auffassung nach sogar eine sehr gute. Aber sie gehört fraglos zu den Menschen, die sich hinter den Mauern ihrer Religion oder Ideologie verbarrikadieren, weil sie auf diese Weise ihre Angst vor der Radikalität und totalen Unsicherheit der Liebe verdrängen können: Sie wählen aus, wen oder was sie lieben können, wen oder was sie verachten dürfen, wen oder was sie hassen müssen. Ja, diese Menschen können viel weniger lieben, als dass sie zu verachten in der Lage sind. Auch wenn sie es nie zugeben würden, sie haben Angst vor der allumfassenden Liebe und wählen deshalb unbewusst den Widerpart: Verachtung, Verurteilung und Vertreibung. Es gibt diesen Menschen ein sicheres Gefühl, auf der Seite der Guten und Gerechten zu sein, wenn sie die andere Seite der Bösen und Gottlosen genau beschreiben, anklagen und verurteilen können.

Jede Heiligsprechung ist ein solcher Akt der ängstlichen Ausgrenzung des Sünders, jede moralische Erhöhung schließt den Schwachen aus, jede ideologische Verdammung erlaubt den Hass gegenüber solchen, die als Andersgläubige die Liebe nicht verdient hätten. Ich weiß, das mag für Sie jetzt vielleicht ganz furchtbar klingen, aber wenn Sie bisher aus vollem Herzen bekennen konnten, Ihren Mann, Ihre Frau, Ihren Freund, Ihre Freundin, Ihre Kinder, Ihre Eltern, Ihren Hund, Ihre Katze, Ihr Land oder Ihren Fußballverein zu lieben, die gemeine Mitschülerin, den fiesen Arbeitskollegen, den arroganten Chef, die verlogenen Verwandten, die leichtlebige Nachbarin, den blöden Köter des Rentners, die arbeitsscheuen Ausländer von nebenan oder die unsäglichen Fußballer des verhassten Lokalrivalen aber ganz und gar nicht, dann haben Sie wenig Ahnung davon, wie es sich anfühlt, zu lieben. Dann wissen Sie vielleicht, wie es ist, wenn man sich für etwas begeistern oder sogar fanatisch Partei für jemanden oder etwas ergreifen kann, aber Liebe ist das nicht. Überhaupt nicht! Liebe trennt nicht, grenzt nicht aus, unterscheidet nicht. Das heißt nicht, dass Sie nicht die Freiheit haben, einem Menschen Ihr ganzes Herz zu schenken, so wie sich die Liebe Ihnen ganz schenkt. Erinnern Sie sich an das dritte Geheimnis und auch an die eindeutige Aussage des Meisters, die freilich im Laufe der kirchlichen Tradition völlig einseitig uminterpretiert worden ist? Sagt er nicht, wir sollten sein wie Gott, denn ...

> ... er lässt seine Sonne aufgehen über Bösen und Guten und er lässt regnen über Gerechte und Ungerechte.
>
> *Matthäus 5,45*

Und dann kommt die Provokation des Meisters, die uns schon in leicht abgewandelter Form am Ende des dritten Geheimnisses so schonungslos die Erbärmlichkeit dessen vor Augen führte, was wir »Liebe« nennen:

> Wenn ihr nämlich nur die liebt, die euch lieben, welchen Lohn könnt ihr dafür erwarten? Tun das nicht auch die Zöllner? Und wenn ihr nur eure Brüder grüßt, was tut ihr damit Besonderes? Tun das nicht auch die Heiden? Ihr sollt also vollkommen sein, wie es auch euer himmlischer Vater ist.
>
> *Matthäus 9,45–48*

Was heißt das? Was ist das für eine Forderung, die angeblich Glück und vor allem die Erfahrung der Liebe verspricht, die sich so gar nicht romantisch und zuckersüß anhört? Der Meister sagt nicht, wir sollten uns für einen Menschen aufopfern, ihm zuliebe auf unsere Wünsche und unseren Selbstwert verzichten, ihn zum Mittelpunkt unseres Lebens machen. Er sagt auch nicht, wir sollten uns in einer Gruppe von Gleichgesinnten engagieren und uns leidenschaftlich für das Wohl und Heil der Menschen einsetzen, die sich unter dem Dach der gleichen Gesinnung, Ideologie oder Religion gefunden haben. Er warnt uns davor, unter dem Schutz irgendeines Systems – sei es unter dem Vorwand der politischen Rechtgläubigkeit oder unter dem Deckmäntelchen der Heiligkeit – Ausgrenzung im großen Stil zu betreiben.

Er scheut sich übrigens auch nicht, die Familie als eine solche ausgrenzende Gesellschaft zu bezeichnen. Auch das mag verwundern, aber er sagt bekanntlich ...

Wer Vater und Mutter mehr liebt als mich, ist meiner nicht würdig. Und wer Sohn oder Tochter mehr liebt als mich, ist meiner nicht würdig.

Matthäus 10,37

Als Kind fand ich diese Aussage unmöglich und verstand nicht, wie ein angeblich so liebender Mensch derart gegen die Familie provozieren konnte. Und als Kind darf man diese Aussage auch ablehnen, weil man, wie schon mehrfach aufgeführt, in der Abhängigkeit von Schutz und Geborgenheit durch die Eltern die Sicherheit des familiären Rahmens erfahren soll, dadurch seiner Entwicklung Raum gegeben wird und der Weg in die Freiheit geebnet werden soll. Aber wie ist es als Erwachsener? Fragen Sie sich selbst, wie sehr die

Grenzen Ihrer Familie – und damit meine ich auch die Begrenztheit der Sichtweise, der Ideologie, der Einstellung und Prägung Ihrer Familie – heute noch auf Ihr Leben Einfluss haben? Wie viele Menschen in meiner Praxis erzählen mir mit vierzig, fünfzig und noch mehr Lebensjahren, wie sehr die Mutter oder der Vater sie bis zum heutigen Tag einengen und kein eigenes Leben führen lassen? Dabei sind es gar nicht die Eltern selbst, die die Probleme bei diesen Menschen und deren Familien hervorrufen, sondern ein falsch verstandener Liebesbegriff, der in der Familie entstanden und unreflektiert ins Erwachsensein mit hinübergenommen wurde. Da sitzen dann Väter vor mir, die selbst schon erwachsene Kinder haben, und behaupten, sie könnten ihrem Vater dieses oder jenes nicht antun, da ihm das womöglich das Herz brechen würde.

Andreas, ein knapp fünfzigjähriger mehrfacher Familienvater und vermögender Betreiber eines ländlichen Ladengeschäfts, kam zu mir, weil ihm das Leben keine Freude mehr machte. Er erzählte von den großen wirtschaftlichen Problemen, von der vielen Arbeit und den zu geringen Erträgen. Aber auch die Entwicklung seiner Kinder machte ihm Sorgen, da deren Fernsehkonsum zu einer für ihn nicht nachvollziehbaren Einstellung zum Leben führe: »Die wollen sich alle nur noch selbst verwirklichen und keiner denkt mehr an die Familie!« Ich fragte ihn, was für ihn Familie bedeute. Da begann er zu weinen und erzählte von seinem Vater und dessen großen Einfluss auf ihn: »Ich würde so gerne unser Familienanwesen verkaufen und mir dann von dem Geld eine neue Existenz aufbauen. Etwas, das mir wirklich Freude macht. Aber das kann ich meinem Vater nicht antun:

Was die Väter aufgebaut haben, dürfen doch die Söhne nicht verschleudern!«

Andreas war der älteste Sohn der Familie, der das ehemalige landwirtschaftliche Anwesen überschrieben bekommen hatte. Von Anfang an war die Auflage des Vaters gewesen, dass nichts verkauft werden dürfe, sondern dass das im Lauf der Generationen mehr und mehr dazuerworbene Land gehalten, idealerweise durch Fleiß, Sparsamkeit und Geschick ausgeweitet werden solle. Auf meine Nachfrage gestand Andreas, dass er immer schon etwas ganz anderes werden wollte: Er war sehr musikalisch, konnte gut mit Menschen umgehen und war gerne auf Reisen. Aber die Erziehung des Vaters und die Prägung der Familie hatten aus ihm ein folgsam-weinerliches Kind im Körper eines erwachsenen und starken Mannes gemacht. Er beklagte permanent sein Schicksal, bedauerte sich und seine Ausweglosigkeit, bemitleidete sein Leben.

Als ich ihn fast so weit hatte, dass er erkennen konnte, dass er nicht mehr das abhängige Kind in der Familie, sondern der eigenständige und frei entscheiden könnende Vater einer eigenen Familie sei, kam Andreas plötzlich nicht mehr in Therapie. Monate später las ich in der Zeitung, dass er sich umgebracht hatte. Seine Frau erzählte mir, dass er immer gesagt habe, er würde vor seinem Vater als Versager dastehen, hätte er auch nur eine Grundstücksparzelle veräußert. Er ließ die minderjährigen Kinder und seine Frau mit den Problemen zurück. Ausgerechnet er, der so viel Wert auf Familie gelegt hatte! Übrigens hat später seine Frau »seine« Therapie bei mir fortgesetzt, sich entschlossen, Grundstücke zu verkaufen und sich selbstständig

200

zu machen. Heute, Jahre nach dem schrecklichen Unglück, sagt sie, dass zwar der Vater allen sehr fehle, aber »irgendwie alle in der Familie verbotenerweise glücklicher und freier« seien. Der Vater von Andreas, so erzählte sie, rede allerdings mit ihr und den Kindern kein Wort mehr, weil sie als Eingeheiratete den Familiengrund »verschleudere«.

Ich wollte Ihnen dieses traurige Beispiel nicht vorenthalten. Wenn die Familie zum Gefängnis der eigenen Möglichkeiten wird, ist sie eine echte Gefahr und wird in ihrer Auswirkung auf Menschen unberechenbar. Wer die Grenzen und Gesetze einer Familie über die Freiheit stellt, kann also ebenso keine Liebe erfahren wie der, der einzelne Menschen, Tiere, Gegenstände, Nationen, Religionen, Vereine zu lieben glaubt. Diese Form von Abgrenzung führt immer zu Unglück und Leid, körperlich und seelisch.

Wenn wir uns der Quintessenz der Geheimnisse des Meisters öffnen wollen, müssen wir aufhören, uns ein Bild von der Liebe zu machen. Keine Vorstellungen mehr von romantischer Hollywood-Kulisse, keine Träume von Heldentum und Ritterlichkeit, keine Märchen von Prinzen und eingesperrten Mädchen – all diese Bilder binden Sie und engen Sie damit viel zu sehr ein, als dass Sie Ihnen auch nur eine Ahnung von dem geben könnten, was Liebe ist.

Ich fordere Sie also auf, in den kommenden Augenblicken alles über Bord zu werfen, was Sie bisher von der Liebe zu wissen geglaubt haben. Ich kann Ihnen versichern: Es wird Ihr Schaden nicht sein. Und nachdem Sie jetzt so lange dabeigeblieben sind, um das Geheimnis des Meisters zu entdecken und in letzter Konsequenz in Ihrem Leben umzusetzen, ermutige ich Sie jetzt besonders, sich vor der Quintessenz des Geheimnisses nicht zu fürchten und diesen letzten Weg auch noch mit mir gemeinsam zu gehen.

Warum Quintessenz? In der antiken Lehre der Elemente der Welt ging man von den vier Elementen Feuer, Wasser, Erde und Luft aus. Vier Elemente durchdringen also die Welt und die Menschen! Aber: Diese Welt und die Menschen wären leblos, wenn nicht von einem unbegreiflichen fünften Element (die Pythagoräer nannten es übrigens »Äther«) Leben eingehaucht werden würde. Aus der »Quintessenz« (lat. quinta essentia = das fünfte Seiende) sind demnach Feuer, Wasser, Erde und Luft hervorgegangen und durch diese geheimnisvolle »Quintessenz« werden diese Elemente belebt, durchdrungen, beseelt. Die »Quintessenz des Geheimnisses des Meisters« ist also nicht weniger als die Erkenntnis, wie wunderbar sich die unfassbare Kraft der Liebe auf unser Wesen, unseren Körper, unseren Geist und unsere Umwelt auswirkt. Es ist die Erfahrung, dass mit Leben erfüllt wird, was bisher tot war. Und es ist der Urgrund aller Wunder, die uns verborgen bleiben, solange wir mit Angst, Schuld und Abhängigkeit durch etwas torkeln, was wir »Leben« und »Liebe« nennen, was sich aber tatsächlich leb- und lieblos anfühlt.

Die Quintessenz belebt das, was Sie durch das Geheimnis des Meisters erfahren haben. Drei einfache Formeln, die Sie tagtäglich anwenden und in ihrer Wirkung erfahren können, verändern fraglos Ihr Leben, falls Sie es zulassen:

› HEILE DEINE SEELE, INDEM DU DEINEN SCHATTEN ANS LICHT BRINGST! – Nur der Mensch, der lernt, zu dem zu stehen, was er bisher unter allen Umständen verborgen halten wollte, weil er sich schämte, Angst hatte, schuldig fühlte, findet Frieden.

202

- HEILE DEIN HERZ, INDEM DU JEDE SUCHE IN DIR SELBST BEGINNST! – Nur der Mensch, der lernt, dass alles Suchen nach Glück und Glückseligkeit nicht durch die Welt und ihr »Angebot«, sondern durch die Liebe zum eigenen So-Sein Erfüllung findet, erfährt tiefe Gelassenheit.

- HEILE DEIN DENKEN, INDEM DU DIE WAHRNEHMUNG LERNST! – Nur der Mensch, der bereit ist, die Vorurteile des Denkens zu durchbrechen und den Augenblick so wahrzunehmen, wie er ist – unkommentiert –, entdeckt das Gefühl der Leichtigkeit.

Vertrauen Sie auf dieses tiefe Gefühl in Ihrem Innersten, das Ihnen schon so lange Jahre sagt, dass irgendetwas in Ihrem Leben nicht stimmt, irgendwie an Ihnen vorbeiläuft, irgendwo nicht alles gewesen sein kann. Werfen Sie die alten Glücksformeln der äußeren Welt über Bord und ändern Sie radikal den Kurs Ihres Lebens. Wenn Seele, Herz und Denken auf neuen Pfaden wandeln, werden Sie eine Kraft spüren, die Ihnen bisher unbekannt war. Nichts an Ihnen ist dann, wie es vorher war. Das Geheimnis des Meisters verwandelt uns als Menschen ganz und schenkt uns in letzter Konsequenz die Maßlosigkeit der Liebe, deren Erfahrung über alles hinausgeht, was die Welt Ihnen bieten kann: echtes Heil!

Die Heilung der SEELE:
Wer seine Wunde öffnet, wird heil!

Die meisten Menschen sind der Auffassung, dass sie stark sein müssen, unverwundbar, durchsetzungsfähig und in der Sache hart. Dann stellt sich der Erfolg schon ein, wenn man »sein Ding durchzieht« und Ellenbogen zeigt. Besonders intensiv predigen dies vor allem die Unternehmensberater und Managementtrainer der großen internationalen Consultant-Firmen, aber auch ganze Heerscharen mehr oder weniger schillernder Motivationstrainer. Immer häufiger finden sich deshalb Menschen in psychotherapeutischer Behandlung wieder, die durch ein permanentes und fast militantes Powercoaching ihrer Firmen gegangen sind. Dem Gesetz der Stärke folgend werden dort Starke ausgelesen, die man besser als skrupellos bezeichnen müsste. Deren klares Credo: Eiskalt muss man sein, um im harten Kampf um Marktführerschaft zu bestehen. Gesucht werden »Samurais des Erfolgs«, die ihre persönlichen Gefühle und Empfindungen hintanstellen oder sogar ausblenden. Wer dem nicht standhält, wird krank: meist zuerst körperlich, damit er krankgeschrieben außer Gefecht ist. Wie immer, wenn der Faktor »Stress« den Menschen vergiftet, reagiert der Körper mit Maßnahmen der Schwäche, um den Menschen aus dem knallharten Spiel zu nehmen. Dazu kommen dann die seelischen Symptome: ein Gefühl der Leere, der Bedeutungslosigkeit, der Sinnlosigkeit. Ich kann deshalb nur jeden Einzelnen davor warnen, sich derartig fragwürdigen Methoden der Vergewaltigung der Seele und des menschlichen Individuums auszuliefern. Falsche Propheten des Erfolgs und des Glücks gab es immer – also seien Sie auf der Hut:

Viele falsche Propheten werden auftreten, und sie werden viele irreführen. Und weil die Missachtung von Gottes Gesetz überhandnimmt, wird die Liebe bei vielen erkalten.

Matthäus 24,11–12

»Gottes Gesetz« ist die Liebe, die aus Mut, Vergebung und Freiheit entsteht, somit also grenzenlos ist. Für den Meister entsteht deshalb so viel Leid auf der Welt, weil wir uns in die Begrenzung der Ängste, Schuld und Abhängigkeit begeben und uns darin gnadenlos der Manipulation durch andere ausliefern. Die Quintessenz seines Geheimnisses führt uns deshalb tief hinein in unsere Schwachheit und Menschlichkeit, mitten hinein ins Herz unserer Unsicherheiten und Komplexe, unserer Ängste und Neurosen. Wer das Geheimnis des Meisters anwendet, wird nicht glücklich, weil er sich einredet stark und großartig zu sein, sondern weil er seine Schwäche erkennt, in seine Persönlichkeit integriert, sich so für sich und andere öffnet und so unverletzbar wird. Jeder Mensch hat bekanntlich eine Siegfriedsschulter, an der er verletzbar ist. Und wie der strahlende und doch tragische Held der Nibelungensage versuchen wir alle, diese Verletzbarkeit zu verstecken und geheim zu halten, damit uns keiner dort verwunden und Schmerzen zufügen kann. Denken Sie kurz darüber nach: Was soll niemand von Ihnen wissen? Was darf der andere unter keinen Umständen bei Ihnen erkennen? Welche Abwehrmechanismen haben Sie entwickelt, um Ihre Siegfriedsschulter zu verbergen? Wie viel Angst haben Sie, dass Sie an Ihrer empfindlichsten Stelle getroffen werden?

Anna ist Ende zwanzig, sehr selbstständig und lebt als Single. Sie kam in Therapie, weil es in ihren bisherigen Männerbeziehungen nach einiger Zeit immer zu quälenden Auseinandersetzungen kam, die sie schließlich veranlassten, die Beziehung zu beenden. Sie gibt zu, praktisch keine echten Freunde oder Freundinnen zu haben, weil ihr die Menschen insgesamt zu oberflächlich und zu »schlecht« seien. Im Gespräch wirkt sie sehr kontrolliert und überlegt, ihre Mimik ist fast perfekt freundlich, nur in ihren Augen sieht der Therapeut tiefe Unsicherheit und Angst. Anna hat zu allen Fragen eine klare eigene Meinung, lässt aber keinen Raum für Objektivität. Sie projiziert ihre Welt und ihr Weltbild auf alle anderen Menschen und lässt deswegen nicht zu, dass die Wirklichkeit anders oder gar vielfältig sein könnte.

Im Verlauf der Therapie stellt sich heraus, dass Anna als Kind und Jugendliche körperlich extrem misshandelt worden war. Diese Misshandlungen konnten von ihr nicht vermieden werden, weil sie als Kind in ihrer Schwäche und Ohnmacht dem brutalen Treiben der Erwachsenen hilflos ausgeliefert war. Weil sie definitiv schwach war, wurde sie verletzt und gedemütigt. Ihr Unterbewusstsein hat daraus den Abwehrmechanismus der künstlichen Stärke um jeden Preis und des Röntgenblicks für die Fehler und die Schlechtigkeit anderer entwickelt: Während sie selbst keine einzige körperliche oder seelische Schwäche zeigt, sieht sie in allen Menschen deren Fehlerhaftigkeit, bewertet und verurteilt sehr rigoros und rechtfertigt damit, keinen wirklich an sich heranzulassen.

In ihren bisherigen Beziehungen führten kleinste und völlig unbedeutende Themen über Kleidung, Einstellungen oder Verhalten anderer zu unsinnigen Diskussionen und mündeten wegen Annas starrer Schwarz-Weiß-Haltung schließlich in Streit. Ihre jeweiligen Partner konnten nicht verstehen, warum Anna so schlecht über andere denkt und redet und warfen ihr dies vor, indem sie auf Annas Schwäche der Verurteilung anderer hinwiesen: Und genau an dieser Stelle explodierte immer der Abwehrmechanismus und Anna riskierte die Beziehung, da sie nicht noch einmal wie in ihrer Kindheit und Jugend wegen ihrer Schwäche verletzt werden wollte. In der Regel beendete sie dann die Beziehung, obwohl sie tief in ihrem Innersten Liebe für den Partner empfand: »Lieber nicht geliebt als verletzt werden«, ist in der ersten Sitzung ihr trauriges Credo.

Wenn ich weiß, wo ich verletzbar bin, kenne ich den empfindlichsten Punkt meines Wesens. Dieser Punkt meiner tiefsten Empfindungen kann und darf in einer Liebesbeziehung nie und nimmer dem anderen vorenthalten werden, da sonst schon wieder die Angst vor der Verletzung existiert, die – wie Sie im ersten Geheimnis des Meister erfahren haben – der sichere Tod der Liebe ist. Mein wunder Punkt ist die Wunde meines Lebens, die immer und ausschließlich nur durch öffnende Liebe geheilt werden kann. Dies beginnt bei der Öffnung aus Liebe zu mir: Ich werde mir gegenüber offen. Ich gebe meine Schwäche vor mir zu! Ich empfinde diese Schwäche nicht als Schwachheit und Unvollkommenheit, sondern als den vielleicht wertvollsten und zartesten Teil meiner Persönlichkeit, der meine Zuwendung zu mir verlangt.

Je mehr ich diesen verwundbaren Teil verberge und damit mich vor mir selbst verschließe und mir die Zuneigung verweigere, desto mehr werde ich in allem und jedem einen potenziellen Feind sehen, der wie Hagen von Tronje Siegfried feige von hinten verletzen oder gar töten will. Je mehr Strategien zur Tarnung ich entwickle, desto mehr sehe ich meine Schwäche als Gefahr, kreist mein ganzes Denken bewusst und unbewusst um das Verbergen meiner Verwundbarkeit. Dieses Verhalten führt mit hundertprozentiger Garantie zu immer weniger Menschen, die mich mögen, zu immer mehr Verletzungen, zu immer mehr Streit, den ich riskiere, zu immer weniger Liebe, zu immer mehr Unglück. Dies gilt im Übrigen nicht nur für die Liebesbeziehung zwischen Mann und Frau, sondern auch für die Liebesbeziehung zu allen Menschen, die Sie an sich gerne heranlassen wollen, um ihnen Liebe zu schenken und deren Liebe geschenkt zu bekommen: Ihre Kinder, Ihre Eltern, engste Freunde.

Anna lernte das Geheimnis des Meisters kennen und war darüber erschüttert: Sie weinte über sich und ihren krankhaften Drang, alles kontrollieren zu müssen, damit keine Unsicherheit in ihr Leben treten dürfe. Ihre sonst immer hübschen und kontrollierten Gesichtszüge entglitten ihr und sie sah nur noch verzweifelt und traurig aus – und: Ihr Gesicht wurde tatsächlich das eines kleinen Kindes, das nicht mehr weiß, wie es sich helfen soll. Ich führte sie durch die Angst und ließ sie den Mut zum totalen Risiko in sich entdecken: Liebe kann nur entstehen, wo keine Vorbehalte mehr da sind, keine Rückversicherungen, keine Hintertürchen. Erst wenn man alles riskiert, kann man alles gewinnen – und verrückterweise gibt es in der bedingungslosen Liebe nichts zu verlieren! Im zweiten Schritt führte ich sie durch die Schuld und eröffnete ihr die Möglichkeit, sich selbst vergeben und den Tätern die Last ihrer Tat zurückgeben zu können. Denn wie alle missbrauchten Menschen fühlte sich auch Anna schuldig an ihrer Geschichte: Du bist nicht verantwortlich für diese Verletzung deiner Seele, du konntest es nicht vermeiden, es ist deine Geschichte, die du annehmen und damit dich vollkommen lieben darfst, als unschuldiges Kind, als reines Wesen. Wenn du dir vergibst, weil es keinen Grund gibt, dich mit Schuld zu beladen, wirst du frei von der Fessel und erlebst Liebe in Form von tiefer Versöhnung mit dir.

Ich führte sie durch ihre Abhängigkeiten: den Drang, immer alles perfekt machen zu müssen, um daraus wenigstens ein wenig Selbstwert zu schöpfen. Den Drang, für alles eine Lösung haben zu müssen, um andere glücklich zu machen, die gerade ratlos sind. Den Drang, unverletzbar zu sein und stark. Anna lernte die befreiende Wirkung der Liebe kennen, die sich im gleichen Augenblick einstellte, wo sie aufhörte stark und unverletzbar sein zu wollen. Sie konnte sich fallen lassen in ihr So-Sein und – deswegen war sie ja in Therapie gekommen – in einen Partner. Sie verliebte sich, und ihre Beziehung besteht bis heute ...

Befreit von der zentnerschweren Rüstung der Unverwundbarkeit werden auch Ihr Leben und Ihre Liebe leicht, wenn Sie bisher geglaubt haben, stark und hart sein zu müssen. Wenn ich aufhören kann, meine Emotionen zu meinen Lasten zu kontrollieren, fällt auch mein Anspruch an mich weg, nur zum Nutzen für andere zu leben. Wo nichts mehr zu verbergen ist, bedarf es keiner Anstrengung mehr, unsichtbar zu machen, was nicht gesehen werden soll. Wenn der Mensch zu seinem wunden Punkt steht und sich ihm ganz öffnet, dann kann er sagen: »Ja, genau da bin ich verwundbar, weil dort die Wunde meines Lebens sitzt.« Und mit diesem Moment lebt das Geheimnis des Meisters in ihm, denn fortan schmerzt die Verletzung nicht mehr. Im Gegenteil: Jetzt heilt diese alte Wunde endlich aus und der Mensch insgesamt wird heil, weil er seiner Seele Freiraum gibt. Jetzt tut der Mensch sich gut, weil er sich achtet und ernst nimmt, wo er bisher nur das Wohlbefinden anderer ernst genommen, sich selbst aber missachtet hatte.

Die Macht der Liebe heilt unsere Seele: Wer seine innerste Wunde also öffnet, wird heil! Je mehr wir uns darauf konzentrieren, eine starke Rolle zu spielen, desto schwächer wird die Kraft der Liebe in unsere Seele und umso schwächer wird auch unser Körper. Je mehr wir aber in liebevoller und bedingungsloser Annahme unseres So-Seins mit uns rein, also authentisch werden, je mehr wir damit unsere uralten Wunden lieben, weil wir in ihnen unser eigentliches Wesen erkennen, desto heiler und in letzter Konsequenz unverletzbarer werden wir.

Die Heilung des HERZENS:
Wer seine Suche umkehrt, wird fündig!

Wie zu Beginn schon erwähnt, ist es Zeichen einer überaus angsterfüllten und haltlosen Zeit, wenn ein Buch nach dem anderen den scheinbar gänzlich verunsicherten Menschen Glück, Erfolg, ideale Partnerschaft und Reichtum verspricht. Der riesige Erfolg vieler mit Ansätzen der Quantenphysik und dem daraus entlehnten »Gesetz der Anziehungskraft« agierenden Werke erklärt sich aus dem dringenden Bedürfnis der Menschen, Sicherheit im Leben zu finden, es sich gut einzurichten und in der Erfüllung ihrer meist emotionalen und materiellen Wünsche ein »gutes Leben« führen zu können. Das Herz der Menschen ist voller Zweifel und die Angst vor dem Ungewissen macht sie krank. Es geht bei genauem Hinsehen also viel mehr um Angst vor der Unsicherheit und vor der Ungewissheit unseres Daseins als um die der wirklichen Suche nach dem Unfindbaren, wie es die Mystiker aller Religionen so paradox umschreiben. Es geht um die Idealisierung unserer materiell-stofflichen Welt, nicht um die wahre Suche nach dem Unermesslichen und Nichtstofflichen. Weil wir Angst vor dem Ungewissen, dem Transzendenten haben, rücken wir das Irdische in allen Bereichen unseres Lebens in den Mittelpunkt. Von der Qualität dieser irdischen Errungenschaften machen wir dann unser Urteil abhängig, ob wir ein gutes oder ein schlechtes Los auf Erden gezogen haben. Und wer zieht schon gerne Nieten ...?

Und er erzählte ihnen folgendes Beispiel: Auf den Feldern eines reichen Mannes stand eine gute Ernte. Da überlegte er hin und her: Was soll ich tun? Ich weiß nicht, wo ich meine Ernte unterbringen soll. Schließlich sagte er: So will ich es machen: Ich werde meine Scheunen abreißen und größere bauen; dort werde ich mein ganzes Getreide und meine Vorräte unterbringen. Dann kann ich zu mir selber sagen: Nun hast du einen großen Vorrat, der für viele Jahre reicht. Ruh dich aus, iss und trink, und freu dich des Lebens! Da sprach Gott zu ihm: Du Narr! Noch in dieser Nacht wird man dein Leben von dir zurückfordern. Wem wird dann all das gehören, was du angehäuft hast? So geht es jedem, der nur für sich selbst Schätze sammelt, aber vor Gott nicht reich ist!
Lukas 12,16–21

Wie im dritten Geheimnis des Meisters geht es auch in dieser Quintessenz um den Halt, den wir mit ganzem Herzen suchen. Woran halten wir uns fest, woran hängen wir und wie können wir unser krankes Herz heilen? Es geht um eine radikale Kurskorrektur unserer Lebenseinstellung: Lebe ich, um es um mich herum gut einzurichten? Oder lebe ich, um es in mir drinnen gut einzurichten? Es geht übrigens nicht darum, sich für ein Leben in Armut und Almosen oder eines in Wohlstand und Wellness zu entscheiden. Der Weg ist es, der um 180 Grad geändert werden muss, will man wahres Lebensglück und wahren Frieden in sich finden. Alles beginnt in unserem Innersten, in unseren Emotionen und Wünschen, unseren Vorstellungen von Glück und Zufriedenheit. Wenn wir die Suche nach dem Glück bei den äußeren Umständen beginnen, von denen ausgehend sich inneres Glück entwickeln soll, ist das ungefähr genauso, wie wenn Sie sagen würden: »Dieser Mensch sieht so umwerfend gut aus! Den will ich haben, ganz gleich, was er für ein Typ ist! Liebe wird sich schon noch einstellen.« Dabei malen Sie es sich in schönsten Farben aus, wie glücklich es Sie machen wird, mit diesem Mann oder dieser Frau an den neidischen Augen Ihrer Freunde und Freundinnen vorbeizuflanieren ...

Gerade im Blick auf so manche Promi-Beziehung kann man sich des Eindrucks nicht erwehren, dass das Äußere die einzige »Glücksformel« ist, die man dort kennt. Wenn dann die Trennungen innerhalb einer einzigen Biografie inflationär werden, wäre es vielleicht nicht so falsch, einmal nachzufragen, ob vielleicht doch die Reihenfolge verkehrt sein könnte: zuerst außen, dann innen ...?

Dem Meister geht es um das Innere, um unsere Gefühlswelt und unsere inneren Einstellungen: Umkehr heißt bei ihm also nicht, den Weg des Bettelmönchs oder des Wanderpredigers zu beschreiten. Das wäre in unserer Gesellschaft auch gar nicht mehr realisierbar. Wir würden unter die Armutsgrenze fallen und vom sozialen System ausgegrenzt bald ein Dasein unter den Brücken der Stadt fristen. Nein, Umkehr bedeutet für den Meister die Umkehr der Suche: Wer im Äußeren sein Glück sucht, ist zum Scheitern seines Lebens und damit zu Krankheit und Bitterkeit verurteilt. Freilich kann man dort in der äußeren Welt Reichtümer anhäufen, Luxus leben und Müßiggang. Aber glauben Sie mir: Die unglücklichsten Menschen in meiner Praxis sind die, die – wie wir im Volksmund so schön sagen – »ihr Glück in der Welt gemacht« haben. Die Suche umkehren und nach den Werten des Menschen im Inneren suchen, um dort die Ängste und Zweifel des Herzens auszuheilen und einen vollkommenen Glauben an die Liebe, die Freiheit, den Mut, die Vergebung zu erfahren – das ist der Weg zum Herzen, der sich aus dem Geheimnis des Meisters erschließt. Und dieser Weg führt nie über Sicherheit, Angst und Zweifel, sondern immer nur über Freiheit, Mut und Glauben.

Viele von Ihnen kennen dieses Problem: Sie hatten sich alles so schön ausgemalt – die Zukunft, Ihr Glück, Ihre Freundschaften, Ihre Beziehungen, Ihre Familien, Ihre Karriere, Ihr Leben – alles in sicheren Bahnen und kalkulierbar. Aber alles kam anders, ganz anders. Mit jedem weiteren Fehlschlag wurden Sie verbitterter und mürber, Ihre Seele wurde dunkler und Ihr Herz verfinsterte sich mehr und mehr. Wenn Sie Glück im Unglück hatten, wurde daraus nur eine pessimistische Grundhaltung und Sie zu einer eher negativen Persönlichkeit oder einfach zu einem Menschen, der im Jammern und Klagen seine Abwehr der Depression wählte. Wenn Sie Pech hatten, wurden Sie wirklich depressiv, sahen im Leben keinen Sinn mehr und fragten sich, warum Sie überhaupt auf dieser Welt wären. Alles, was in Ihrem Herzen an Sehnsüchten existierte, Ihre kleinen Wünsche nach Sicherheit und Glück, zerplatzten zwischen Ihren Fingern wie Seifenblasen.

So sehr Sie sich auch dieses oder jenes gewünscht, darum gebetet oder gebettelt hatten – es erfüllte sich nicht! Dabei hatten Sie vielleicht insgeheim darauf gehofft, dass die Formel, die jetzt im »Gesetz der Anziehung« angeboten wird, funktioniert: einfach auf einen Umstand fixieren, bestimmte Worte immer im Herzen haben und schon kommt die Attraktion in Ihr Leben, die Sie magisch angezogen hätten. Glauben Sie wirklich, das Geheimnis unseres einmaligen Lebens funktioniert nach dem System eines Computers, der mit einer bestimmten Software gefüttert werden muss, um dann brav die Ergebnisse auszuspucken, die wir erwarten? Reicht es, das Geheimnis unseres Menschseins von simplen physikalischen Gesetzen abzuleiten, die, falls sie der Wahrheit entsprächen, hinter allem auch keinen wirklich großen Geist vermuten ließen?

Der Meister lässt keinen Zweifel: Die Liebe, die für ihn gleichbedeutend mit »Gott« oder »Himmel« ist, heilt unser Herz, die Macht des Zweifels macht es krank!

Ihr müsst Glauben an Gott haben. Amen, das sage ich euch: Wenn jemand zu diesem Berg sagt: Heb dich empor und stürz dich ins Meer!, und wenn er in seinem Herzen nicht zweifelt, sondern glaubt, dass es geschieht, was er sagt, dann wird es geschehen. Darum sage ich euch: Alles, worum ihr betet und bittet – glaubt nur, dass ihr es schon erhalten habt, dann wird es euch zuteil!

Matthäus 11,22–24

Die Suche umkehren heißt also aufhören, in der äußeren Welt zu suchen, dafür aber aus tiefstem Herzen in die innere Welt eintauchen und an die Einzigartigkeit meines Wesens, an die Vollkommenheit der Schöpfung in mir, an die Macht der Liebe in meinem Herzen glauben:

> Gott ist die Liebe, und wer in der Liebe bleibt, bleibt in Gott, und Gott bleibt in ihm!
> *1 Johannes 4,16b*

Wenn die Liebe und Gott synonym sind, eins sind, dann ist die Zusage des Meisters, dass in dem Menschen, in dem die bedingungslose Liebe ist, die Allmacht, die Wunderkraft, die Heilkraft dessen ist, den wir mit Gott umschreiben. Und als klare Absage an Angst und Zweifel:

> Furcht gibt es in der Liebe nicht, sondern die vollkommene Liebe vertreibt die Furcht. Denn die Furcht rechnet mit Strafe, und wer sich fürchtet, dessen Liebe ist nicht vollendet.
> *1 Johannes 4,18*

Mit Strafe rechnet der Zweifler, weshalb er zu keiner Entscheidung aus Liebe kommt, sondern lieber in der äußeren Welt nach Sicherheiten sucht, die seine Zweifel betäuben. Aber am Ende steht die unweigerliche Wahrheit seines Todes: Dann gibt es keine einzige Sicherheit mehr, die ihm hilft, dann ist er hilflos dem Ungewissen ausgeliefert und befindet sich wie im »Bardo-Thödröl-Zustand« des buddhistischen tibetischen Totenbuchs in einer schrecklichen Situation der rasenden Angst. Nicht so der Mensch, der die Liebe in sich zu Lebzeiten in seinem Herzen entdeckt und bedingungslos wachsen lässt: Er kennt irgendwann keinen Zustand der Angst mehr – und sei es auch der Angst vor dem Tod, der im Übrigen für alle Zurückbleibenden deshalb unfassbar und dunkel bleibt, weil er in deren Innerstem schmerzhaft an etwas rührt, das sie nicht anschauen wollen: Angst, Zweifel und Schuldgefühle.

Die Heilung des DENKENS:
Wer seinen Kopf ausschaltet, wird weise!

Pro Sekunde muss unser menschliches Gehirn fünfzig Milliarden Byte an Informationen verarbeiten. Das ist nicht nur eine unfassbare Leistung, sondern auch ein riesiges Problem: Denn wenn wir derart mit Informationsverarbeitung beschäftigt sind, bleibt im Grunde kein Platz mehr für die Wahrnehmung dessen, was wirklich ist. Es sei denn, Sie wollen es ...

Machen Sie einen kleinen Selbstversuch: Bleiben Sie beim nächsten Einkauf im Supermarkt einfach mal für zwanzig Sekunden still stehen und schauen Sie in die Mitte des Geschehens. Selbst wenn Sie den Kopf dabei nicht bewegen, haben Sie jetzt eine Billion Bytes an Informationen aufgenommen, die Ihnen erst einmal überhaupt nichts bringen. Sie sehen nämlich Tausende von Waren in Ihrem Blickfeld, viele unterschiedliche Menschen, Zigtausende von Aufschriften, Millionen von Farbschattierungen, hören unzählbar viele Geräusche, vom Geschrei der Kinder bis zur Berieselung durch die Kaufhausmusik, Sie riechen unendlich viele verschiedene Gerüche, jedenfalls so viele, wie Menschen, Semmeln, Wurstwaren etc. im Raum sind, und so weiter ...

Jetzt verändern Sie Ihre Haltung und konzentrieren sich in den nächsten zwanzig Sekunden auf ein kleines Kind im Einkaufsmarkt. Nun werden Sie zwar wieder die gleiche Billion Bytes an Informationen aufnehmen, aber Sie werden vor allem etwas »wahrnehmen«: einen Gesichtsausdruck, vielleicht Gefühle dort entdecken, irgendwie eine Beziehung zu dem Kind aufbauen. In diesem Augenblick haben Sie etwas Wunderbares erlebt, das aus dem Geheimnis des Meisters erschlossen werden kann: Wahrnehmung ist keinesfalls das Gleiche wie Information aufnehmen und verarbeiten. Oder etwas provokanter: Wahrheit ist nicht Wissen!

Der Meister hält nichts von einer Gesellschaft der Wissenden, der es an Wahrnehmung mangelt: »Was nützt euch eure ganze Gescheitheit«, so könnte er sagen, »wenn ihr vor lauter Wissen die Wahrheit überseht und die Liebe ausschaltet?« Und in der Tat wird der Mensch, je mehr er weiß, nicht klüger, sondern unsicherer. Denn kaum ist die eine Frage beantwortet, erschließen sich daraus neue Fragen. Und immer mehr Fragen führen zu immer mehr Unsicherheit und Angst. So bleibt manchen Menschen nur die Flucht in einen simplen Abwehrmechanismus, nämlich den des Atheismus, weil es für sie ein Wahnsinn wäre, wenn all das, was Wissenschaftler durch Forschung und Experimente herausfinden, von einer höheren Intelligenz »geschaffen« worden wäre. So stützen sie sich auf darwinistische und biologische Logik. Jetzt können sie bis ins kleinste Molekül hinein alles erklären und bestimmen, glauben, den Schöpfungscode geknackt zu haben, und verneinen, dass dahinter ein Plan und der Wille existieren, dass eben alles so sein kann, wie es ist. Warum? Weil den ängstlichen Menschen die Existenz einer derart unbegreiflichen Intelligenz erschüttern würde. Weil sie Angst vor dem Glauben haben, wollen sie immer mehr wissen, immer klarer sehen und sich damit immer mehr beweisen, dass da nichts Höheres ist, weil es nicht sein darf! Aber die Botschaft des Meisters ist eindeutig: »Selig sind, die nicht sehen und doch glauben.« (Johannes 20,29)

Wer im Menschen ein Individuum, ein einzigartiges und in der Tat, so wie er ist, vollkommenes Geschöpf sieht, begegnet ihm mit Achtung und Respekt. Er kann Zuneigung und Wärme gegenüber diesem Menschen empfinden und berührt damit das Geheimnis des Menschseins: die Liebe. Wenn wir aber nur mit Vernunft und Logik an die Menschen herangehen, gibt es definitiv keinen Platz für die Liebe: »Liebe ist die maximale Unvernunft«, sage ich zu meinen Klienten in der Praxis gerade in der Paartherapie, »aber genau darin liegt ihr Zauber!« Der Kopf hingegen möchte mir etwas weismachen, er will mich von etwas überzeugen, will mich zu einem Wissenden machen, der sieht und urteilt. Das ist niemals Liebe, sondern die gleiche Vorgehensweise wie jene der Wissenschaftler, die aus der Analyse einer Molekularstruktur ableiten, dass es keinen Gott gibt.

Peter ist seit zwanzig Jahren mit Stefanie verheiratet. Sie kommen in die Paartherapie, weil sie sich sexuell überhaupt nicht mehr verstehen: Er möchte viel mehr Zärtlichkeit und Intimität, sie am liebsten gar keine mehr. Deswegen beginnt er aus Frust zu trinken und sie nimmt als Abwehrverhalten immens durch dauerhaften Schokoladengenuss zu. Man sieht ihnen schon rein äußerlich an, dass sie unglücklich sind. Die Streitigkeiten der beiden werden immer aggressiver, und um eine Eskalation zu vermeiden, suchen sie Rat. »Ich wollte eine Frau, um meine Sexualität ausleben zu können, habe deshalb Stefanie nicht von Anfang an, aber dann doch irgendwann auf jeden Fall zu einem hohen Prozentsatz geliebt.« Peters Äußerung klingt wie eine Analyse, nicht wie der Versuch, das Problem im Inneren anzuschauen. Auch Stefanie sagt: »Ich wollte keinen Liebhaber, sondern einen Gefährten, einen Mann, der mich im Leben begleitet, mehr nicht! Aber ich denke, irgendwann habe ich Peter schon auch mal geliebt.« Auch das klingt nicht nach Beziehung, sondern nach Bindung, oder nicht?

Peter liebt die philosophische Analyse des Lebens, Stefanie als reiner Kopfmensch mag es dagegen pragmatisch und strukturiert. Aber beide haben ganz eindeutig eines gemeinsam: Angst! Sie fürchtet sich vor der Veränderung und er vor dem Verlust. Deswegen haben sie zwanzig Jahre aneinander festgehalten, haben anstelle von Spontaneität Gewohnheiten gesetzt, anstelle von Zärtlichkeiten Essen und Trinken, anstelle von Liebe Vergnügen und Kurzweil. Zu keinem Zeitpunkt lebten sie eine unvernünftige Liebe, sondern von Anfang an eine vernünftige Zweckgemeinschaft. Und mit zunehmendem Alter kam die Unzufriedenheit immer mehr zum Vorschein, wandelte sich in Schuldvorwürfe und Streit. Immer mehr wurde deutlich, dass da nie Liebe war, weil die Vorstellung, die beide von Partnerschaft hatten, verwirklicht werden sollte. Jeder wusste, was er wollte, aber sie liebten nicht den anderen, sondern bestenfalls ihre jeweiligen Vorstellungen. Beide haben eines versäumt: Sie haben nicht wahrgenommen, dass der Partner unglücklich wird, sich verstellt, so tut, als ob ...

Wenn wir das Geheimnis des Meisters gerade für Liebesbeziehungen zu Menschen richtig anwenden wollen, ist es verrückterweise unumgänglich, den Kopf auszuschalten. Wie viele Begründungen für Streit liefert uns unser Denken? »Der verhält sich nicht so, wie ich es mir vorstelle! Der macht das ganz gezielt ...!« Was heißt das anderes als: Dieser Mensch entspricht nicht meinen Vorstellungen, meinen Bildern im Kopf. Wie viele Begründungen für Ablehnung liefert uns unser Denken? »Wenn du so ganz anders bist, als ich es mir wünsche, gibt es kein Miteinander!« Wieder sind es meine Wünsche, die nicht erfüllt werden, und mein Denken erteilt mir deswegen die Erlaubnis, den anderen in seinem Anderssein abzulehnen. Wie viele Begründungen für Trennungen liefert uns unser Kopf? »Ich habe eine andere Vorstellung von der Zukunft. Deine Vorstellung entspricht aber nicht meiner: Deshalb müssen wir getrennte Wege gehen!« Und erneut sind es Vorstellungen, in diesem Fall das »Sich-Ausmalen« von kommender Zeit. Und das Ausmalen ist das Problem, weil die Farbflächen eines Bildes im Kopf perfekt zu einem Horrorszenario zusammengefügt werden, wo dann nicht da ist, was nicht da sein darf: Liebe.

Gerade in der Paarbeziehung aber gibt es auch die traurigsten Begründungen für das Festhalten aneinander, obwohl keine Liebe da ist: Jetzt sind es vor allem die Vergangenheit und die Erinnerungen, die in unserem Gehirn gespeichert zu uns sagen: »Du kannst doch nicht all das mühsam Aufgebaute über Bord werfen! Soll alles umsonst gewesen sein?« Und jedes Foto aus vergangenen Tagen lässt Emotionen entstehen, die zu Begründungen werden, keine Veränderung herbeizuführen, weil sonst die Vergangenheit plötzlich eine »verlorene Zeit« werden würde.

Unser Denken ist der Ort unserer Wünsche, Hoffnungen und Vorstellungen, unserer Bilder und Visionen – und damit der Ort aller Sorgen und Ängste. Weil wir nicht wahrnehmen, sondern denken, urteilen wir, und entziehen damit der Liebe jede Grundlage. Ob Sie es glauben wollen oder nicht: Über eine messerscharfe Analyse werden Sie nie zur Entscheidung kommen, diesen oder jenen Menschen lieben zu können. Aber ganz sicher bekommen Sie in Ihrem Kopf das Ergebnis, ihn nicht lieben zu können. Das sollte uns sehr zu »denken« geben, nicht wahr?

Was heißt das für uns, die wir das Geheimnis des Meisters ganz erfassen wollen?

Vor allem eines: dass es für die Weisheit der Liebe keinen Kopf geben darf! Unser Denken kennt die Liebe nicht, sondern sucht nur Definitionen, die nicht funktionieren können. Die Liebe zu definieren kommt dem Versuch gleich, die Schönheit einer Melodie einem anderen mit Worten zu »erzählen«. Es geht nicht. Denn die Seele der Musik kennt keine Worte, kann nicht beschrieben werden. Wenn Sie jemals eine musikwissenschaftliche Analyse über eine Mozartsinfonie gelesen haben, die Sinfonie aber noch nie gehört haben, werden Sie danach definitiv keinen blassen Schimmer vom überwältigenden Zauber ihrer Melodiebögen oder Harmonieverbindungen haben. Sie wissen dann zwar etwas, aber fühlen nichts!

Die Macht der Liebe liegt in ihrer Unbegründbarkeit, ihrer Unbegreiflichkeit, ihrer Unfassbarkeit, ihrer Unerklärlichkeit. Weil ich nicht sagen kann, dass ich jemanden liebe, weil er so oder so ist, muss ich mich dem totalen Risiko der Liebe ausliefern: Ich liebe dich, aber ich weiß nicht warum! Das klingt eigenartig, aber machen Sie den Versuch: Stellen Sie sich einen Menschen vor, den Sie wirklich sehr zu lieben glauben (auch das Wörtchen »sehr« ist übrigens schon aus dem Kopf kommend, wo zwischen »weniger«, »mehr« und »sehr« unterschieden wird). Wenn Sie jetzt überlegen, warum Sie diesen Menschen so sehr lieben, dann sind Sie bereits mitten im Prozess des Denkens und damit beenden Sie gerade jeden Anflug von Liebe. Jetzt haben Sie zwar Begründungen dafür, warum dieser Mensch Ihnen so sympathisch ist, oder warum Sie seine Nähe schätzen, aber – auch wenn es wehtut – in diesem Moment lieben Sie ihn nicht!

»Meine Frau hat sich in vierzig Ehejahren immer vorbildlich um mich gekümmert«, sagt der siebzigjährige Ludwig in einer Therapiestunde. »Sie hat immer gut gekocht, das Haus in Ordnung gehalten und die Kinder gut versorgt. So einen Menschen muss man einfach lieben!«

Eigentlich hat dieser Mensch gesagt: »Weil es mir guttut, wie meine Frau sich verhält, liebe ich sie!« Und wenn wir es jetzt ehrlich übersetzen, lautet diese vermeintliche Liebeserklärung: »Sie funktioniert perfekt für mich und verdient meinen Dank!« Ist das Liebe …?

Ein neues Gebot gebe ich euch: Liebt einander! Wie ich euch geliebt habe, so sollt auch ihr einander lieben.
Johannes 13,34

Der Meister war ein kluger Kopf. Verwendet hat er ihn aber nur für die Auseinandersetzung mit den vermeintlich Klugen, den Pharisäern und Schriftgelehrten. Er hat sich Gleichnisse und Metaphern ausgedacht, um mit Worten den Menschen tiefe Wahrheiten näherzubringen. Aber seine Liebe zu den Menschen war jenseits jeder Vernunft und jedes Denkens. Sie entsprang seiner Seele, seinem Herzen, und wurde jedem geschenkt: ohne Begründung und ohne Verdienst!
Und nur aus dieser Macht heraus war er in der Lage zu

heilen, weil nur die Liebe heil macht. Und diese Heilung beginnt wieder im Innersten bei sich, nicht beim anderen Menschen: »Du sollst deinen Nächsten lieben wie dich selbst!« (Levitikus 19,18; Markus 12,31)

»Lerne dich selbst zu lieben«, provoziere ich gerne meine Klienten, »und wenn du das nicht fertigbringst, dann lass bitte die Finger von deinem Nächsten!« Wer im anderen, in der Beziehung, die Liebe sucht, wird nichts finden außer Begründungen, Gründe, Argumente. Beginnen müssen wir bei uns selbst: Liebe ich mich so, wie ich bin? Das heißt: ohne jede Einschränkung aufgrund meines Aussehens, meiner wirtschaftlichen und sozialen Stellung, meiner Fähigkeiten und Unfähigkeiten? Wenn Sie diese Frage mit Ja beantworten können, und dies aus vollem Herzen tun, dann sind Sie in der Quintessenz des Meisters angekommen und spüren die zunehmende Wirkung der Kraft seines Geheimnisses ...

Und jetzt ...?

Wir sollen heiter Raum um Raum durchschreiten,
An keinem wie an einer Heimat hängen,
Der Weltgeist will nicht fesseln uns und engen,
Er will uns Stuf' um Stufe heben, weiten.
Kaum sind wir heimisch einem Lebenskreise
Und traulich eingewohnt, so droht Erschlaffen,
Nur wer bereit zu Aufbruch ist und Reise,
Mag lähmender Gewöhnung sich entraffen.

Hermann Hesse, Stufen, 1941[12]

Sie haben es also geschafft: Sie sind am Ende dieses Buches angekommen und haben sich den drei Geheimnissen des Meisters und seinen drei Quintessenzen geöffnet. Nichts mehr ist von jetzt an, wie es vorher war: Von heute an werden Ihre Ängste in einem anderen Licht erscheinen als bisher. Sie werden mutig wagen, alles zu hinterfragen, was Sie bisher geglaubt hatten oder was man Ihnen glauben machen wollte. Sie werden Ihr Leben auf den Prüfstand stellen, es nach verborgenen oder offenen Ängsten abklopfen und entdecken, welche Wege Sie eingeschlagen haben, weil Sie nicht mutig genug waren. Sie werden in Ihrem Leben wie in einem offenen Buch lesen können, wohin Sie Ihre Ängste getrieben haben, wie krank diese Sie gemacht haben. Autoritäten, an die Sie sich bisher ängstlich geklammert haben, werden in sich zusammenfallen und Sie werden die Begrenztheit angstmachender Ideologien, Religionen und Systeme durchschauen und sich nicht mehr zum Spielball der Angst machen lassen. Und bald schon werden Sie es wagen, Ihren Lebenskurs zu ändern, weil Sie auf Ihre Seele und Ihr Herz hören werden, nicht auf das Über-Ich in Ihrem seelen- und herzlosen Kopf.

Und weiter: Mit dem Zuklappen dieses Buches werden Sie mit Schuld in Ihrem Leben anders umgehen, als Sie es bisher getan haben: Mit Ihrer eigenen Schuld und mit der aller anderen Menschen! Sie werden nicht mehr in der Welt und bei den anderen die Schuld für Ihre Situation suchen, sondern sich selbst daraus befreien. Aus der bedingungslosen Macht der Liebe heraus sind Sie in der Lage, sich mit sich selbst und allen Menschen auszusöhnen. Sie werden erkennen, wo Unversöhnlichkeit und Sündenbockdenken immer neues Leid und wieder Schuld erzeugt hat und erzeugt. Sie werden bereit sein, diesen verhängnisvollen Kreislauf zu durchbrechen und die heilende Kraft der Vergebung ohne Voraussetzung zulassen. Und immer, wenn Sie dazu nicht bereit sein sollten, werden Sie spüren, dass Sie einen verhängnisvollen Fehler begehen, weil er Ihre Seele verdunkelt und Ihr Herz eng macht, Ihren Kopf aber mächtig und groß. Ohne bedingungslose Vergebung regiert der Verstand in seiner ganzen Kälte – ausgerüstet mit dem Geheimnis des Meisters werden Sie in Zukunft große Mühe haben, solche Fehler bei sich zuzulassen!

Sie werden von jetzt an Ihre Abhängigkeiten und Täuschungen und damit all Ihre Vorstellungen, Vorurteile, Hoffnungen, Wünsche, Ideale, Überzeugungen und Werte hinterfragen. Sie werden darin die Begründung für so manches Unglück oder Leid in Ihrem Leben finden, aber auch für Krankheit und Schicksal. Sie werden von heute an erkennen, wie sehr Sie bisher den Vergnügungen der Welt in allen Variationen nachgehetzt sind, weil Sie davon abhängig waren und sich Ihre Freiheit nehmen ließen. Von der Zigarette bis zum Handy, vom Geld bis zum Ansehen – alles wird Sie an Ihre versteckten Abhängigkeiten und Ängste erinnern – und manches werden Sie problemlos ändern können und sich davon befreien. Ganz ohne Therapie, einfach nur aus der tiefen Verinnerlichung der Unsinnigkeit Ihrer selbst auferlegten Beschränkung. Und Sie werden Ihr Verhältnis zu Ihren Mitmenschen, vor allem zu jenen, die Sie zu lieben hoffen, in einem anderen Licht sehen: Liebe ich oder brauche ich? Hänge ich an Menschen, weil sie mir guttun, oder liebe ich sie? Diese Fragen werden Ihnen besonders wehtun und bedürfen wohl der größten Ehrlichkeit und Bereitschaft zur Änderung. Aber wenn Sie von heute an durch diese Selbsttäuschungen hindurchgehen, werden Sie sich manche Ent-Täuschung ersparen: Sie haben zu sehen gelernt – warum also blind durchs Leben gehen? Daraus – Sie werden es erleben – wird Ihnen eine Freiheit erwachsen, wie Sie sie nie vorher gekannt haben: die Freiheit, zu lieben ohne Grund!

Ihre Seele kann jetzt heil werden. Und mit ihr wird auch Ihr Köper heil, indem Sie aufhören, Ihre Wunde, Ihre weichste und empfindlichste Stelle Ihres Wesens, zu verbergen und damit sich und andere zu belügen. Sie werden fortan aufhören können, sich mit anderen zu vergleichen, sich schlecht zu reden, sich zu erniedrigen. Sie werden im Gegenteil erkennen, dass es kein Maß gibt, Sie zu messen. Aus Liebe zu sich werden Sie keine Bedingungen mehr an Ihr So-Sein stellen, sondern endlich spüren, dass Sie einzigartig und deswegen unvergleichbar sind. Und wenn Sie sich doch ertappen, dass Sie gerade wieder in die Falle des Vergleichens geraten sind und sich deswegen gar nicht gut fühlen, dann lösen Sie sich daraus und öffnen sich ganz Ihrer Wunde, um heil zu werden.

Und auch Ihr Herz wird von jetzt an wieder frei atmen können, wenn Sie aus der Welt in Ihren inneren Raum umkehren, um dort anzukommen. Indem Sie sich Ihrem Wesen liebevoll zuwenden, bekommen Sie eine andere Ausstrahlung: Menschen werden mit Ihnen zu tun haben wollen, die Sie bisher gar nicht beachtet haben, andere werden sich von Ihnen abwenden, weil Sie nicht mehr ein »Kind dieser Welt« sind. Machen Sie sich nichts aus denen, die Sie verlassen werden: Jeder Mensch hat die freie Entscheidungsmöglichkeit, im Dunkeln oder im Licht zu leben. Ihre Umwelt wird sich definitiv verändern, wenn Sie aktiv das Geheimnis des Meisters anwenden: Lassen Sie sich überraschen!

Dass Sie von heute an Ihrem Kopf viel mehr misstrauen werden, als Sie es bisher jemals getan haben, ist ebenso eine Folge des »Geheimnisses des Meisters«. Und Sie werden auch allen Menschen in Ihrer Umgebung misstrauen, die ausschließlich mit der Kraft der Gedanken, des Denkens und der Vernunft agieren und argumentieren. Je mehr Kopf ins Spiel kommt – dies werden Sie von jetzt an durchschauen –, desto weniger Herz und Seele durchdringt einen Menschen, eine Organisation, eine Institution.

Als Sie zu lesen begonnen hatten, habe ich Ihnen versprochen, dass am Ende nichts mehr sein wird, wie es war. Jetzt liegt es an Ihnen, Ihr altes Dasein sterben zu lassen und ins wahre Leben neugeboren zu werden. Führen Sie sich eines ganz besonders vor Augen: Menschwerdung hat nichts mit geboren werden, heranwachsen und sterben zu tun. Das tun Pflanzen und Tiere auch. Menschwerdung ist das Erkennen des Wunders, als Mensch lieben zu können. Wenn Sie nicht den Weg über Mut, Vergebung und Freiheit gehen, werden Sie einfach nur älter, schwächer, irgendwann altersschwach und sterben schließlich. Dann haben Sie zwar gelebt, aber nicht geliebt! Hoffen Sie nicht auf eine neue Chance im nächsten Leben, das es aller Voraussicht nach nämlich gar nicht wirklich gibt. Und hoffen Sie auch nicht auf eine Wiedergutmachung allen erlebten Leids im Paradies, das mit ziemlicher Sicherheit zumindest nicht so ist, wie wir es uns vorstellen. Nützen Sie Ihr eines, einzigartiges, wunderbares Leben, Ihre so faszinierende Fähigkeit zu lieben. Spüren Sie die Flügel, die Ihnen durch die Anwendung des »Geheimnisses des Meisters« wachsen, breiten Sie sie aus und fliegen Sie mutig in die Freiheit Ihres neuen Lebens, wo Sie der größte Zauber des Unbekannten, die Erfüllung all Ihrer Sehnsucht erwartet: bedingungslose Liebe!

Dank

Als ich 1988 mein Studium der Theologie und Germanistik in München beendete, war ich ein »sonniger« Kreativling, der an ein Leben voller positiver Überraschungen und spannender Abenteuer, voller Wärme und Glück glaubte. Und natürlich glaubte ich auch an das Gute im Menschen. Als ich dann in all meinen Tätigkeiten immer rasch sehr erfolgreich war, hatte ich neben den Bewunderern auch immer sofort mit großen Widersachern und Neidern zu tun. Leider war ich zu naiv, um diese rechtzeitig zu erkennen, was zu manch drastischen Veränderungen auf meinem Lebensweg führte. Erst viel später, durch die Beschäftigung mit dem »Geheimnis des Meisters«, entdeckte ich, dass all diese Veränderungen keine »Brüche« in meiner Biografie waren, sondern dass dahinter ein Plan steckt, den ein größerer Geist als unser menschlicher entworfen hat: Ohne die Erfahrung meines persönlichen Leids wäre ich sicher nicht Seelentherapeut geworden, obwohl ich von klein auf eine Berufung verspürt hatte, Menschen an den Wurzeln ihres Wesens zu packen und sie zur Veränderung zu ermutigen.

Mit meiner eigenen Veränderung haben Menschen begonnen, sich aus meinem Leben zu verabschieden. Darunter sind auch solche wie Martina, um die es mir sehr leidtut, da ich sie wirklich geliebt habe. Da sie aber eine andere Vorstellung von »Leben« hatte, konnte und wollte sie meinen Weg nicht mitgehen. Ihr danke ich für die gemeinsame Zeit und das Durchwandern einer intensiven Lebensstrecke, an deren Ende sich der Weg gabelte und wir Abschied nehmen mussten. Doch Abschied ist immer auch ein Anfang! Es gab aber auch Menschen, die mich gezielt zu ihren Zwecken benutzt hatten. Die Lösung von diesen Menschen war kein »Verlust«, auch wenn ich durch jene fast alles verlor, was ich mir in jungen Jahren ideell und wirtschaftlich aufgebaut hatte. Auch wenn es grotesk klingt: Dank dieser Menschen wurde ich dazu gezwungen, mein Leben auf den Prüfstand zu stellen, mich vollkommen neu zu orientieren und auszurichten. Durch sie kam ich letztlich zu meinen Wurzeln zurück: zur Therapie der Seele. Somit danke ich diesen Menschen dafür. Die Schuld aber, die sie versucht haben, auf mich zu laden, (ver)gebe ich ihnen zurück, damit ich frei davon meinen Weg gehen kann.

Mir begegneten Menschen, die mich ermunterten, meinen neuen Weg zu gehen. Dazu gehört vor allem der ebenso umstrittene wie mutige Krebsarzt Frank Daudert, der mir ein guter Freund geworden ist. Er war es, der neben der außergewöhnlichen Astrologin Renate Stöckl als Erster meine Fähigkeiten entdeckte und mir sagte, dass sie in der psychotherapeutischen Arbeit ideal einsetzbar seien. Dafür danke ich beiden sehr.

Meine vier Kinder Maximilian, Sebastian, Lena-Maria und Raffaela sind jedes für sich ein Wunder, das ich erfahren darf. Kein Geschenk kann größer sein als Kinder in ihrer Einzigartigkeit und Andersartigkeit. Ihnen danke ich dafür, dass sie mich verstehen und meine Eigenheit ertragen. Und ich danke ihnen, dass sie den Weg ihres Vaters mit Liebe begleiten, auch wenn es für sie Verzicht auf viel Gemeinsames bedeutet hat. Eines Tages – das verspreche ich euch – werden wir nachholen, was bisher nicht möglich war!

Ein Mensch, dessen Liebe mich immer begleitet, ist meine Schwester Isabel. In den dunkelsten Stunden meines Lebens hat sie mir Licht gegeben und gezeigt, wie sich bedingungslose Liebe anfühlt. Welchen Dank außer bedingungsloser Gegenliebe kann es dafür geben?

Meine Eltern und mein Bruder haben sicher nicht immer verstanden, wie ich meinen Lebensweg teils freiwillig, teils unfreiwillig gewählt habe. Und sie haben auch sicher nicht nachvollziehen können, warum ich mich auf manche Menschen eingelassen habe, die mir später schaden sollten. Aber mit der Zeit wuchs ihre Fähigkeit, aus dem Herzen heraus zu verstehen. Sie befreiten sich vom Denken von außen nach innen und entdeckten, dass Liebe keine Norm kennt. Für all ihr Mitfühlen, Mitleiden und Mithelfen danke ich ihnen aus der Tiefe meiner Seele.

Seit Beginn meiner Praxisarbeit in Weilheim unterstützt mich ein Mensch, ohne dessen Opferbereitschaft, Kämpfermut und Kreativität ich wohl diesen Weg nicht geschafft hätte: Astrid Schmid. Ganz gleich, wie groß die Hürden waren, die es zu überspringen galt, ganz gleich, wie verletzend die Prügel waren, die mir zwischen die Füße geworfen wurden und bis heute werden – sie hat nie aufgegeben, nie die Flügel hängen lassen. Und als ich den Auftrag bekam, dieses Buch zu schreiben, hat sie mir als leise Ratgeberin und Korrekturleserin geholfen, das »Geheimnis des Meisters« so zu verwirklichen, wie es schließlich geworden ist. Ich danke ihr deshalb von ganzem Herzen für ihre selbstlose und wunderbare Hilfe. Sie ist mir meine treueste Gefährtin geworden.

Ich danke meinem Münchner theologischen Freund Andreas Ebert, durch den ich auf den Kösel-Verlag gestoßen bin: Er ließ sich bei unserem halbjährlichen Pizzaessen von meiner Idee erzählen und ermutigte mich sofort, ein Exposé an den Verlag zu schicken. Dort fand ich in Winfried Nonhoff einen Verlagsleiter, der mich derart begeistert für ein Buch über »Das Geheimnis des Meisters« motivierte, dass es eine Freude war zu schreiben. Für diesen »Schub«, wie wir beide es nannten, möchte ich ihm ganz herzlich Dank sagen. Leider verließ er den Verlag kurz vor der Abgabe des Manuskripts. In meinem Lektor Michael Kötzel fand ich aber einen wunderbaren »Bruder im Geiste«. Die Lektoratssitzungen mit ihm waren ein Genuss und gaben dem Buch Schliff. Ein großes Dankeschön dafür an ihn! Nicht minder inspirierend waren die Gespräche mit der Lektorin Silke Foos, deren weibliche Sicht viel Feinheit brachte. Dafür auch ihr einen ganz besonderen Dank! Dass ich dem Kösel-Verlag und all seinen Mitarbeitern in Layout, Marketing und Vertrieb für ihre professionelle und doch so persönliche Arbeit danke, ist mehr als eine Selbstverständlichkeit.

Dieses Buch gäbe es nicht ohne meine Klienten im Ganzheitlichen Zentrum für Persönlichkeitsentwicklung und Psychotherapie in Weilheim. Viele zehntausend Stunden saß ich bisher mit ihnen auf der »gelben Couch« und habe von jedem von ihnen gelernt: Jedes Leben ist ein Wunder und verdient höchsten Respekt! Dank meiner Klienten habe ich gelernt, wie unfassbar krank Angst machen kann. Ich habe von ihnen gelernt, dass Schuld niemals ein Ausweg, sondern immer eine Sackgasse ist – vor allem auch, wenn sie in Form von Verurteilungen und Erniedrigungen Menschen zersetzen soll. Und ich habe von ihnen gelernt, dass Abhängigkeiten, vor allem solche von anderen Menschen, in die tiefsten Tiefen menschlichen Daseins führen können. Jeder meiner Klienten hat die Feder mitgeführt und ich sage allen meinen tiefsten Dank für das Vertrauen, das sie mir tausendfach bisher geschenkt haben.

Zuletzt möchte ich einem danken, der mir in den Stunden der Einsamkeit und Traurigkeit, aber auch in den Stunden tiefen Glücks und großer Dankbarkeit meines Lebens der treueste Freund war: Er hat mich getröstet und Tränen getrocknet, hat mich ermutigt, mich nicht zu fürchten, und mich ermächtigt, meinen Weg zu gehen. Er hat mich die Ungerechtigkeit der Welt in einem anderen Licht sehen lassen, hat mich aufhören lassen zu hadern. Er hat mir die Augen für die Schönheit der Natur geöffnet und mein Herz im Moment der Begeisterung wieder kindlich werden lassen. Er war immer da, wenn ich zweifelte, aber er war und ist auch immer an meiner Seite, wenn ich aus voller Überzeugung therapiere. Ohne ihn wäre ich nicht in der Lage, so zu lieben, wie man es tun muss, um mit Menschen zu arbeiten, die am Grund ihrer Seele krank sind. Ohne ihn wären wir alle nichts: Ich danke dem »Meister«, der mir das Tor zu seinen Geheimnissen durch ein durchkreuztes Leben geöffnet hat. Danke!

Anmerkungen

1 Die Gestalt des Hermes Trismegistos (griechisch für »dreimal größter Hermes«) hat es wohl nie wirklich gegeben. Der Name versinnbildlicht eine Verschmelzung des griechischen Götterboten Hermes und des ägyptischen Gottes Thot. Die bekannteste »Schrift« des Verfassers, der sich Hermes Trismegistos nennt, ist die »Tabula Smaragdina«, auf die sich zum Beispiel Rhonda Byrne in ihrem Bestseller »The Secret« beruft. Entgegen der dort aufgestellten Behauptung ist es allerdings überhaupt nicht nachweisbar, dass diese Schrift um etwa 3000 v. Chr. ihren Ursprung hat, sondern könnte auch weit nach den Evangelien des Neuen Testaments um 200 n. Chr. entstanden sein. Kernaussage der »Tabula Smaragdina« ist: »Wahr ist es, ohne Lüge und sicher: Was oben ist, ist gleich dem, was unten ist, und was unten ist, ist gleich dem, was oben ist – fähig, die Wunder des Einen auszuführen!« Auf diese fraglos bedeutende und spirituell folgenreiche Aussage gründen sich viele alchemistische und esoterische Schulen und Orden.

2 Jiddu Krishnamurti, *Freiheit und wahres Glück*, München 2004

3 Wolfram von Eschenbach, *Parzival*, Ditzingen 1986

4 Übersetzung des Autors.

5 Monas unfassbare Geschichte habe ich in der noch nicht veröffentlichten Erzählung »*Halbtonschritte – die Geschichte der Sprachlosigkeit*« verarbeitet. Sie kam in die Hände von

Martin Walser, der wenige Wochen später in einem Brief schrieb, er habe diese Erzählung in einer einzigen Nacht durchgelesen und sei tief betroffen und begeistert davon. Trotz seiner euphorischen Empfehlung nahm dann aber kein Verlag das Manuskript an. Damals war die schreckliche Wahrheit des Missbrauchs wohl noch unerträglicher, als sie es heute ist.

6   Heinrich Kramer (Institoris), *Der Hexenhammer – Malleus Maleficarum*. Kommentierte Neuübersetzung, München 2000

7   Fjodor Dostojewski, *Die Brüder Karamasow*, Frankfurt am Main 2008

8   Zu empfehlen: Don Richard Riso, Russ Hudson, *Die Weisheit des Enneagramms*, München 2000, oder: Richard Rohr, Andreas Ebert, *Das Enneagramm*, München 1999

9   Fernando Pessoa, *Das Buch der Unruhe*, Zürich 2006

10 Aus: Jorge Bucay, *Komm, ich erzähl dir eine Geschichte*, Frankfurt am Main 2007, S. 71ff.

11 Rainer Maria Rilke, Liebeslied, in: Ders., *Neue Gedichte*, Frankfurt am Main 2000

12 Hermann Hesse, *Die Gedichte*, Berlin 1995

Quellenverzeichnis

S. 19 Entnommen aus: Jiddu Krishnamurti: *Freiheit und wahres Glück: Meisterworte zeitloser Weisheit.* Zusammengestellt und herausgegeben von Susunaga Weeraperuma. Aus dem Englischen von Manfred Miethe, Heyne Verlag in der Verlagsgruppe Random House GmbH, München

S. 109 Fjodor Dostojewski: *Die Brüder Karamasow.* Aus dem Russischen von Swetlana Geier. © Amman Verlag & Co., Zürich 2003. Alle Rechte vorbehalten S. Fischer Verlag GmbH, Frankfurt am Main

S. 151 Fernando Pessoa: *Das Buch der Unruhe des Hilfsbuchhalters Bernardo Soares.* Aus dem Portugiesischen übersetzt und revidiert von Inés Koebel. © Amman Verlag & Co., Zürich 2003. Alle Rechte vorbehalten S. Fischer Verlag GmbH, Frankfurt am Main

S. 182 Entnommen aus: Jorge Bucay: *Komm, ich erzähl dir eine Geschichte* © Jorge Bucay 1999. Aus dem Spanischen von Stephanie von Harrach. © Amman Verlag & Co., Zürich 2003. Alle Rechte vorbehalten S. Fischer Verlag GmbH, Frankfurt am Main

S. 225 Hermann Hesse: *Sämtliche Werke, Band 10: Die Gedichte.* © Suhrkamp Verlag, Frankfurt am Main

Die Bibeltexte ist nach folgender Übersetzung zitiert: Einheitsübersetzung der Heiligen Schrift © 1980 Katholische Bibelanstalt, Stuttgart

Jesus
neu begegnen